中国高铁丛书

总顾问 / 傅志寰　总策划 / 郑　健　主编 / 孙　章

高铁信号与控制

陈永生　罗云飞　王先帅　郭金信　等著

上海科学技术文献出版社
Shanghai Scientific and Technological Literature Press

图书在版编目（CIP）数据

高铁信号与控制/陈永生等著. —上海：上海科学技术文献出版社，2019
（中国高铁丛书）
ISBN 978-7-5439-7806-5

Ⅰ.① 高… Ⅱ.①陈… Ⅲ.①高速铁路—铁路信号—介绍—中国 Ⅳ.① U284

中国版本图书馆 CIP 数据核字(2018)第 289620 号

"十三五"国家重点出版物出版规划项目
2018 年主题出版重点出版物
上海市新闻出版专项资金资助项目

选题策划：张　树
书稿统筹：张　树
责任编辑：王倍倍　杨怡君
装帧设计：许　菲
手绘插图：汤思怡

高铁信号与控制
GAOTIE XINHAO YU KONGZHI
陈永生　罗云飞　王先帅　郭金信　刘世太　等著
出版发行：上海科学技术文献出版社
地　　址：上海市长乐路 746 号
邮政编码：200040
经　　销：全国新华书店
印　　刷：上海海红印刷有限公司
开　　本：787×1092　1/16
印　　张：12.75
字　　数：165 000
版　　次：2019 年 1 月第 1 版　2019 年 1 月第 1 次印刷
书　　号：ISBN 978-7-5439-7806-5
定　　价：85.00 元
http://www.sstlp.com

"中国高铁丛书"
出版工作团队

总顾问

傅志寰　中国工程院院士，原铁道部部长

顾问

钟志华　中国工程院院士、副院长，同济大学原校长

奚国华　中国第一汽车集团有限公司党委副书记、董事、总经理
　　　　中国中车集团公司原副董事长、党委副书记
　　　　中国中车股份有限公司原总裁

贾世瑞　中国中车集团公司副总经理

总策划

郑　健　中国铁路总公司总工程师，国家铁路局原党组成员
　　　　2015年国家科技进步奖特等奖（京沪高速铁路工程）获得者

策划

孙　章　同济大学老科学技术工作者协会会长，原上海铁道大学副校长

孙　星　北京铁道学会秘书长

兰　涛　上海铁道学会秘书长

金泰木　中车青岛四方机车车辆股份有限公司科技发展部副部长

张　树　上海科学技术文献出版社副总编辑（主持工作）

主编

孙　章　同济大学老科学技术工作者协会会长，原上海铁道大学副校长

副主编

吴新民　原铁道部咨询调研组副巡视员，研究员

编撰团队

《走近中国高铁》

钱桂枫　中国铁路总公司工程管理中心副主任
蔡申夫　原铁道部工程设计鉴定中心主任
张　骏　中国铁路上海局集团有限公司建设处副处长，高级工程师
毛晓君　中国铁路上海局集团有限公司科学技术研究所工程师

《高铁线路工程》

郑　健　中国铁路总公司总工程师，国家铁路局原党组成员
　　　　2015年国家科技进步奖特等奖（京沪高速铁路工程）获得者
王　峰　中国铁路总公司建设管理部主任
钱桂枫　中国铁路总公司工程管理中心副主任
许玉德　同济大学交通运输工程学院教授
毛晓君　中国铁路上海局集团有限公司科学技术研究所工程师

《高铁车站》

郑　健　中国铁路总公司总工程师，国家铁路局原党组成员
　　　　2015年国家科技进步奖特等奖（京沪高速铁路工程）获得者
贾　坚　同济大学建筑设计研究院（集团）有限公司副总裁
魏　崴　同济大学建筑设计研究院（集团）有限公司轨道交通院总建筑师

《高速列车》

梁建英　中车青岛四方机车车辆股份有限公司副总经理、总工程师，教授级高级工程师，2015年国家科技进步奖特等奖（京沪高速铁路工程）获得者
杨中平　北京交通大学教授
张济民　同济大学铁道与城市轨道交通研究院教授

《高铁牵引供电系统》

张明锐	同济大学电子与信息工程学院教授
张永健	中国铁路上海局集团有限公司供电处处长，高级工程师
王靖满	中国铁路设计集团公司项目总工程师，教授级高级工程师
吴严严	同济大学电子与信息工程学院硕士研究生

《高铁信号与控制》

陈永生	同济大学计算机系教授
罗云飞	中国铁路上海局集团有限公司总工程师室高级工程师
王先帅	中国铁路上海局集团有限公司电务处工程师
郭金信	中国铁路上海局集团有限公司电务处工程师
刘世太	中国铁路上海局集团有限公司电务处工程师
陈伟革	中国铁路上海局集团有限公司电务处处长，提待高工
吕永昌	中国铁路上海局集团有限公司电务处提待高工
姚远黎	中国铁路上海局集团有限公司电务段段长，高级工程师
胡细东	中国铁路上海局集团有限公司电务处副处长，高级工程师
吴伟东	中国铁路上海局集团有限公司电务处副处长，高级工程师
艾 武	中国铁路上海局集团有限公司电务处副处长，高级工程师

《高铁运营组织与管理》

徐行方	同济大学交通运输工程学院教授
蒲 琪	同济大学《城市轨道交通研究》杂志社社长，高级工程师
汤莲花	同济大学交通运输工程学院博士研究生

《中国高铁发展战略》

刘涟清	原上海铁路局局长，原铁道部（中国铁路总公司）中美铁路项目协调组组长
蒲 琪	同济大学《城市轨道交通研究》杂志社社长，高级工程师
孙 章	同济大学老科学技术工作者协会会长，原上海铁道大学副校长

《高铁经济》

姚诗煌　上海市科技传播学会原理事长，《文汇报》科技部原主任，高级记者

编辑顾问

叶　娟　中国中铁股份有限公司国际事业部总经理助理
　　　　中国铁道出版社版权中心原主任，国家铁路局原调研员

李中浩　中国城市轨道交通协会专家和学术委员会副主任，原铁道部电子中心主任

张跃玲　国家铁路局信息中心副主任，高级工程师

陈夏新　原京沪高速铁路股份有限公司高级工程师

范　明　中国铁道科学研究院（集团）有限公司通信信号研究所研究员

序 一

傅志寰

我国已跨入了高铁时代。风驰电掣的高速列车给人们带来了快捷愉悦的全新感受，正如有诗云："银龙出京一路奔，转瞬之间入津门。齐鲁苏皖须臾过，品茗到沪尚存温。"四通八达的高铁不仅显著改变了人们的出行方式，也对经济社会产生了深远影响。

目前我国高铁里程已超过25 000公里，占全球高铁总里程的三分之二，每天开行5 000多列高速列车，运送超过600万乘客，2017年我国高铁累计发送旅客已突破70亿人次。这些令人炫目的"大数据"意味着无与伦比的业绩。我国高铁不但规模大，速度也快，最高时速达350公里，为世界之最。我国动车之平稳是有口皆碑的，网上曾流传一段视频：有乘客将一枚硬币立在高速列车的窗台上，竟8分钟未倒。

高铁不但改变着中国，也震撼了世界。我国已经积累了在寒带、热带、大风、沙漠、冻土等不同气候和地质条件下高速铁路建设的丰富经验，是世界上少数能够提供包括土建、高速动车组和列车控制系统等高铁全套技术的国家。

中国人喜爱高铁。但凡有机会，都愿与靓丽的高速列车合影留念，而且带着浓厚兴趣想进一步解开高铁之谜。"高铁为什么跑得那么快？""高铁为什么跑得那么稳？""高铁行驶安全如何保障？"这些问题，不但孩子要问，成年人也十分关心。近两年我在给中学生讲"高铁"科普时，每每都会有学生提出大量类似问题。

为了回答人们的问题，上海科学技术文献出版社组织一批资深专家教授，用一年半时间编写了一套内容丰富的"中国高铁丛书"，全套9册，书名分别是：《走近中国高铁》《高铁线路工程》《高铁车站》《高速列车》《高铁牵引供电系统》《高铁信号与控制》《高铁运营组织与管理》《中国高铁发展战略》《高铁经济》。这套丛书不但描绘了高铁的全貌，展示了车站、线路、信号、供电、列车等关键设施和装备,也介绍了高铁运营服务知识以及对经济社会发挥的独特牵引作用。与此同时,还讲述了世界各国高铁发展的故事。

"实事求是、深入浅出"是检验科普图书质量的重要标志。为了做到"实事求是",作者们查阅了海量资料,反复筛选与求证,对我国高铁技术水平、发展历程作了符合实际的阐述,也纠正了一些网络上的不实传言。为了做到"深入浅出",作者们力图用通俗生动的语言和精美的图片,揭示高铁技术原理和设计结构。一年多来,作为初次涉猎科普读物写作的他们,花了不少时间再学习,大家深知将科学专业术语转化成大众能听懂的"大白话"是一门艺术。

我受聘担任本丛书的总顾问,深感荣幸和愉悦。究其原因,不只因为我有参与高铁论证与建设的经历,还源于心系铁路、喜爱火车的深厚情结,中国高铁的快速发展也圆了我自己多年的梦想。

在本套图书付梓之际,衷心希望凝聚作者大量心血的"中国高铁丛书",能给读者带来所渴望的知识与阅读的喜悦。

2019 年 1 月

序二

郑 健

　　高铁,作为现代工业文明的崭新成果,发端于日本,发展于欧洲,兴盛于中国。经过五十余年的发展,高铁以其安全、快捷、环保、节能等技术经济优势赢得了各国青睐。我国从20世纪90年代初开始开展高铁的前期研究,经过几代铁路人的探索实践,特别是党的十八大以来的创新发展,取得了举世瞩目的历史性成就,能亲身经历、见证参与、组织推动我国高铁建设,倍感荣幸。铁路建设者昼夜兼程、风雨无阻、逢山开路、遇水架桥,用智慧、心血和汗水励精图治、砥砺前行,实现了中国高铁从无到有、从探索到突破、从制造到创造、从追赶到领跑的崛起!如今,"复兴号"奔驰在祖国广袤的大地上,迈出了从追赶到领跑的关键一步;四通八达的高铁网络给百姓美好生活带来了新福祉,给世界高速铁路发展树立了新标杆,为党和国家赢得了新荣耀!

　　遥想20世纪初,为了振兴国家实业,孙中山先生在《建国方略之二:实业计划》中提出修建10万英里(16万公里)的铁路计划,指出"国家之贫富可以铁道之多寡而定之,地方之苦乐可以铁道之远近计之","铁路常为国家兴盛之先驱,人民幸福之源泉,国家统一之保障"。中华人民共和国成立后,党中央国务院高度重视铁路建设。1978年10月,邓小平同志访问日本,在从东京前往京都的新干线高铁列车上深有感触地说:"就感觉到快,有催人跑的意思,我们现在正合适坐这样的车。"(中共中央文献研究室编《邓小平年谱(1975—1997)》(上)第413页)一代伟人的这句双关语暗示着中国的发展要有像新干线那样快的速度。同年12月召开的十一届三中全会拉开了改革开放的序幕。

　　40年的改革开放让铁路特别是高速铁路发展迎来了难得的黄金发展机遇。从20世纪90年代广深铁路开行准高速列车到世纪之交秦沈客运专线开通运行,从2007年实现第六次大面积提速到2008年京津城际高铁通车,从2010年12月京沪高铁创造时速486.1公里试验速度到2016年7月成功实现世界首次时速420公里交会，从"四纵四横"基本建成到"八纵八横"规划蓝图绘就，几代铁路人锲而不舍、坚韧执着，从未因道路曲折而半途而废，也从未因梦想遥远而放弃追求。从孙中山先生提出《建国方略》到今天，"复兴号"高铁动车组奔驰在祖国广袤大地上的情景，就是华夏儿女不忘初心、砥砺前行的生动写照；中国高铁能够领跑世界，就是中华民族追逐梦想、谋求复兴的时代象征。高铁精神，已成为象征着中华民族伟大创新精神的一座丰碑！

从1990年《京沪高速铁路线路方案构想报告》到2004年国务院批复的《中长期铁路网规划》明确将高铁建设作为铁路发展的核心，从中国高铁发展"三步走"战略谋划到工程建造、装备制造、列车运行控制等不同领域技术创新路径的实施，中国高铁经历了艰难的战略抉择、艰苦的探索实践和艰辛的开拓创新历程。2008年8月1日，中国第一条时速300公里以上的高速铁路——京津城际高铁开通运营。波澜壮阔的高铁建设在长城内外、大河上下展开，呈现出了史诗般的巨幅画卷！

一分耕耘一分收获。经过几代铁路人卧薪尝胆，迎来了与世界第二大经济体相适应的高铁网络体系的蓬勃发展：建成了2.5万公里的高铁网络，搭建了专业一流的研发平台，在高铁线路、桥梁、隧道、客运枢纽等重大工程方面积累了丰富的实践经验，全面掌握了在各种复杂地质、地形及气候环境下修建不同速度等级高速铁路的成套技术，建造了以京沪高铁为代表的一大批世界级的标志性工程，拥有了完整的中国高铁技术标准体系，打造了中国高铁品牌，形成了规划设计、工程建造、装备制造、运维服务等方面的比较优势，总体技术水平已迈入世界先进行列，成为推动世界高铁发展的重要力量！

不断延伸的高铁网络对经济社会发展产生了深刻的影响。如何衡量高铁对经济社会发展的"溢出效应"，如何评价高铁效应在国家发展、国际交往、地缘政治中的作用，需要坚实的高铁经济理论作为支撑。2012年原铁道部设立了高铁经济重大课题，从政治经济、社会文化、生态环境等多维度探究高铁效应的理论基础，从哲学层面发现其内在规律，从理论层面研究其影响机制，旨在通过研究回答社会对高铁建设运营的普遍关切，探究未来高铁发展之路。

如今我们欣喜地看到，高铁网络极大地缩短了时空距离，让旅途不再漫长；极大地改善了出行品质，让百姓出行有了更多的幸福感；拉动了文化旅游井喷，稀缺独特的旅游资源得到充分开发；促进了铁路装备升级改造，高铁动车组等高端装备制造业快速发展，强劲带动了上下游相关产业链的全面升级；改变了经济资源配置格局，城市综合经济竞争力得到了大幅提升，区域产业经济结构得到了优化调整，区域经济一体化进程进一步加快。高铁网络创造出了比别的经济体更多的时间，承载了更为宏观的经济意义，以更高的速度赋能一切生产要素，以更高的质量和效率不断放大着"乘数效应"。作为新经济学革命的高铁经济已成为中国经济增长的新引擎，正构建着中国经济发展的新版图。中国高铁今天历史性的成就就是对中山先生、小平同志最好的告慰！

"雄关漫道真如铁，而今迈步从头越"。党的十九大确立了习近平新时代中国特色社会主义思想，作出了建设交通强国的重大决策部署。在不到半年的时间里，习总书记两次"点赞""复兴号"，这既充分体现了党中央对高铁发展成果的充分肯定，更指明了中国高铁的前进方向。中国高铁将始终坚持以人民为中心，进一步构建更安全、更高效、更智能、更绿色、覆盖率更高的高铁网络，持续创新引领世界铁路发展，让全国各族人民共享铁路发展改革的成果，满足人民在新时代的需求，让人民从高铁发展中有更多的获得感、幸福感、安全感！

高铁发展需要全社会的关心和爱护。这套"中国高铁丛书"对讲好中国高铁故事、传承勇往直前的高铁精神，汇聚高铁发展共识、凝聚高铁发展正能量，弘扬新时代主题、追逐民族复兴梦想必将产生积极的作用。热切希望这套图书能与广大读者尽快见面，更真诚期望能有更多的专家、学者关注中国高铁，走近中国高铁，宣传中国高铁，支持中国高铁，关爱中国高铁，以促进中国高铁的健康可持续发展！

2019年1月

前 言

中国高速铁路信号与控制系统是列车运行指挥的大脑系统（包括列车调度集中指挥系统），是控制列车安全运行的眼睛（包括列车运行控制系统）。高速铁路信号与控制系统是确保高速铁路运输安全有序、发挥效率与效益的核心体系。

中国高铁信号与控制系统经历了引进新技术、学习再创新、技术再升级、发展与超越的探索和创新之路。首先，中国高铁通过既有线提速，掌握了满足时速200～250公里的CTCS-2级列车运行控制技术，成功应用于既有线第六次大提速和新建的时速250公里的高速铁路。然后，通过高速铁路新线建设的探索实践，研发了具有自主知识产权的代表世界先进水平的CTCS-3级列车运行控制系统。该系统基于无线通信网络实现地面与动车组控车信息的双向实时传输，运输组织调度集中控制，满足动车组列车时速350公里及以上、最小追踪间隔3分钟的安全运行要求，适应中国高速铁路高速度、高密度的运输需求，以及不同速度等级列车跨线、普速与高速互联互通等复杂运输场景。

本书以介绍高铁信号与控制系统的基本组成和基本原理为主。可作为高速铁路爱好者、从事高速铁路相关工作的专业或非专业人士学习用书，亦可作为对高速铁路信号技术感兴趣者的科普读物。

目 录

序 一
序 二
前 言

第一章　铁路信号控制系统简介......1

一、什么是铁路信号 ...3

二、铁路信号系统的主要设备 ...5

  1. 轨道旁忠实的"哨兵"
    ——信号机 ...5

  2. 火车进站怎么转线 ...11

  3. 轨道上的"侦察员" ...15

三、闭塞 ...19

  1. 什么是半自动闭塞？...20

  2. 什么是自动闭塞？...20

  3. 自动闭塞的分类 ...23

四、速度防护 ...27

  1. 速度防护的概念 ...27

  2. 速度防护的基本特征 ...27

  3. 速度模式曲线 ...29

五、车站联锁是怎么回事 ...32

  1. 至关重要的联锁 ...32

  2. 盛极一时的"6502" ...35

  3. 计算机联锁要当"大管家" ...39

第二章　高速铁路信号系统的发展历程......49

一、国外的高速列车运行控制系统 ...51

  1. 日本高速列车运行控制系统 ...51

  2. 欧洲高速列车运行控制系统 ...53

二、中国高速列车运行控制系统发展历程 ...60

  1. 探索之旅 ...60

  2. 发展之路 ...63

  3. 创新之程 ...64

三、中国高速列车运行控制系统 ...65

第三章 中国高速列车运行控制系统原理和组成 71

一、列车运行控制系统的组成和结构 ...73

二、CTCS-2 级列控系统地面设备 ...76
    1. 概述 ...76
    2. 地面设备 ...77

三、CTCS-3 级列控系统地面设备 ...81
    1. 概述 ...81
    2. 无线闭塞中心（RBC）...83
    3. 其他地面设备 ...98
    4. CTCS-2、CTCS-3 级列控系统车载设备 ...100
    5. GSM-R 通信网络 ...112
    6. 信号数据传输网络 ...115

四、分散自律调度集中系统（CTC）...117
    1. 分散自律调度集中系统（CTC）的功能和系统构成 ...117
    2. 调度集中系统控制模式 ...120

五、计算机联锁（CBI）...122
    1. 计算机联锁的系统组成 ...122
    2. 计算机联锁系统与其他高铁信号系统的接口 ...127

六、检测监控设备基本组成和基本原理——运维 ...129
    1. 系统概述 ...129
    2. 监测系统体系结构 ...130
    3. CSM 车站监测子系统 ...132
    4. CSM 与其他系统接口 ...135
    5. DMS 简介 ...138

第四章 高速列车运行控制系统安全策略 149

一、静态验收 ...152
    1. 仿真试验 ...152
    2. 设备调试 ...157

二、动态验收 ...158
    1. 联调联试及动态检测 ...159
    2. 运行试验 ...165

三、初步验收 ...167

目录

四、独立安全评估（ISA）...167
    1. 安全评估范围...168
    2. 检查的重点及要求...168
    3. 载客商运...169

五、正式验收...169

第五章 中国的高铁信号与控制系统科技创新点......171

一、高铁信号控制系统的科技创新...173

二、高铁信号控制系统的日常维护...175
    1. 信号设备管理...176
    2. 信号设备维护...177
    3. 信号设备测试与分析...180
    4. 专项整治和标准示范线建设...180

三、如何减少因设备故障而给旅客带来的不必要的影响...181
    1. 制定设备故障应急处理管理办法——统一行车指挥...182
    2. 制定各类设备故障应急处理预案——统一处置流程...183
    3. 定期开展设备故障应急处理实战演练——缩短延时...183

参考文献......185
后　记......186

第一章

铁路信号控制系统简介

一、什么是铁路信号

二、铁路信号系统的主要设备

三、闭塞

四、速度防护

五、车站联锁是怎么回事

一、什么是铁路信号

自有铁路以来,就需要用信号向驾驶列车的司机传递信息。首先是安全的信息。

在单线铁路上,两列相对行驶的列车若开到了同一条轨道上,如果不加限制,就会发生迎面相撞的事故。

在双线铁路上,每一条轨道上的列车都是同方向行驶,为了提高运输效率,两列车前后发车的间隔时间越短越好;但如果不加限制,前面的列车遇到障碍突然停车或减速慢行,而后面的列车速度较快,就会发生列车追尾的事故。

列车不但要在铁路线上行驶,还要进入车站或在站内调车。列车在站内从一股道转到另一股道一般要通过道岔来转线,因此我们可以发现车站里道岔特别多。可万一扳错了道岔,就有可能让一列火车开进已经停有列车的股道上去,发生列车冲撞事故。

还有一类事故是超速。列车在铁路线路上运行,都是按照规定的线路允许速度行驶的。如果由于某种原因造成列车运行速度超过了线路允许速度,就有可能造成列车脱轨、倾覆等事故。

如何避免这类事故发生呢?就是靠列车自动控制系统,也就是铁路信号系统,来实现对列车的安全控制。

列车冲突基本表现为两列或多列列车同时误入同一空间,或者由于道岔位置失控导致列车驶入异线而造成列车侧面冲突。为防止这类事故的发生,铁路信号设备采取的基本措施是把铁路线路划分为若干段空间,这样的空间,在车站之间叫作闭塞区间或闭塞分区,在车站内则称为进路。

如果在一个空间内同一时间只允许有一列车在其中运行,这样就不会发生列车冲突了。为此,首先必须在每个空间的入口处都设置把门的"哨兵",向火车司机发出是否可以驶入空

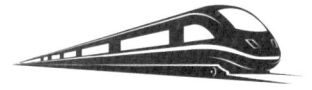

间的命令。这个"哨兵"就是信号机,信号机的显示就是列车是否可以驶入空间的凭证。允许列车进入时,我们称这时信号机的状态为"信号机开放信号"或"信号开放";不允许列车进入时,我们称之为"信号机关闭信号"或"信号关闭"。

信号机能由人工随意操作开放信号吗?显然不行。那么,信号机依据什么告诉司机是否可以驶入空间呢?这里要有一套自动控制的技术。自1872年发明了检测铁路路线上是否有车辆存在的闭路式轨道电路技术后,信号控制与轨道电路相结合,使信号显示能真实地反映线路的空闲状态,还能通过电路确认道岔的开通方向,从而有效地防止了行车冲突事故。在车站内的信号控制系统叫联锁设备;对站外区间的信号控制系统叫闭塞设备。

可以说,铁路运输安全离不开铁路信号,铁路信号是铁路运输安全的法宝。它在铁路运输系统中无声地传达指示列车运行和调车作业的命令,不仅向行车有关人员显示列车运行条件,同时又能对列车运行方向、运行间隔、运行进路以及运行速度进行控制,为此,它有一整套的理论、方法和技术。作为一门学问,铁路信号是根据铁路的特点,综合运用电子、通信、计算机、自动控制以及系统集成等技术而形成的一门综合性应用学科。

从本质上说,铁路信号就是一种控制系统,是自动控制原理在铁路运输中的应用,属于智能交通的一种。它包括3个层次:在最外层表现为信号显示部分(包括信号机等装置);中间层是信号执行设备(包括道岔转辙机、继电器、轨道电路、自动停车装置等);在幕后起核心作用的最内层则是整个信号控制系统(包括车站联锁、区间闭塞、列车调度指挥系统、列车运行控制等)。

铁路信号设备是用来保证行车安全的,那么它自身是否安全呢?放心吧,铁路部门对铁路信号设备的可靠性和安全性非常重视,除了选用安全可靠的器材之外,在设计上都要求符合

"故障导向安全"（简称"故障—安全"）的原则，即要求信号设备或系统一旦出现故障后，能自动地导向安全一方，防止出现灾难性后果。例如信号显示设备，当它本身发生故障时，最终能转为发出停车或限制较低速运行的信号，就可以避免更大的危险或损失。

"故障—安全"是铁路信号最根本的安全原则，不仅针对系统的电路和逻辑设计，对于构成系统的各种原部件、具体电路、数据甚至代码，处处都要考虑"故障—安全"的原则。

二、铁路信号系统的主要设备

1. 轨道旁忠实的"哨兵"——信号机

铁路信号显示的机具一般称作信号机。

信号机犹如一个忠实的"哨兵"，风吹不动、雨打不摇，屹然挺立在轨道旁边，通过它的灯光向司机发出各种行车指令，绿灯行、红灯停……火车司机在它面前必须绝对服从它的指令（图1.1）。

铁路信号就等同于人在说话，或者说是下达命令。但人类语言的传播距离有限，而且易受现场嘈杂环境的干扰。铁路使用了无线列车调度电话后，才可以直接通过电波传播语音，但仍受各种地形和天气条件以及其他电波干扰，有时会听不清。聪明的铁路人就想出各种表达方式来传达铁路信号，在不同的场合下，例如车站的入口、出口，站间的线路当中或者紧急情况下用不同的视觉或听觉方式表示。这些信号由信号显示设备来表达。

其实，"信号机"只是"信号显示设备"（简称"信号装置"）中的一员，它有个大家族，"家族成员"还很多，包括地面固定信号、机车信号、手信号、移动信号等；它还有一些"远亲"，包括信号表示器及各种

图1.1 轨道旁的"哨兵"

图 1.2a　色灯信号机　　　　图 1.2b　臂板信号机

标志等。这些"远亲"不像信号机家族成员那样有权威，所发布的都是必须执行的命令，它们只是用来给行车人员提个醒。

地面固定信号机有色灯信号机和臂板信号机两种（图1.2）。色灯信号机用不同颜色的灯光来显示信号。臂板信号机白天用臂板的位置来显示信号；夜晚点灯后，随臂板位置改变也能显示不同颜色的灯光。

当前使用的信号机主要是色灯信号机，色灯信号机又可分为高柱（图1.3）和矮型两种类型。矮型信号机（图1.4）的显

图 1.3　高柱信号机

图 1.4　矮型信号机

示距离达到 200 米即可，高柱信号机的显示距离一般要大于 800 米。

机车信号是设置在机车上的信号机（图 1.5），它一般复示地面信号机的显示，它就在司机的眼前，便于随时观察，特别是大雾天气。随着列车速度的提高，由于司机往往来不及瞭望地面信号机，机车信号逐步取代地面固定信号机。

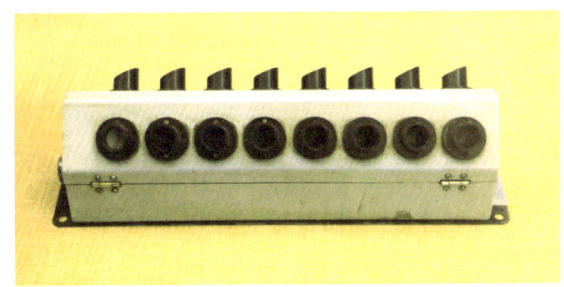

图 1.5　机车信号装置

手信号是有关行车人员用手持信号旗或信号灯做出各种规定动作来发出的信号。这两种信号方式很早就有了，因为它简单方便，所以用到现在。上了岁数的人可能都还记得，反映抗日战争的京剧《红灯记》中铁路工人李玉和，就是手持信号灯出场的。

图 1.6a　昼间使用的信号旗　　　　图 1.6b　夜间使用的信号灯

当线路上出现临时性障碍或正在进行施工，要求列车停车或减速时，应按照规定设置移动信号牌，安放响墩（图1.7）、火炬（图1.8）或用手信号进行防护。

移动信号是一些信号牌或信号柱（柱上有灯）。

图1.7　响墩

图1.8　火炬信号

图1.9a　信号牌

图1.9b　道岔表示器

响墩安放在钢轨上，车轮轧压时响墩会发出爆炸声响。响墩爆炸声和火炬信号的火光均是要求紧急停车。

信号表示器没有防护意义，而是用来表示与行车有关设备的位置和状态，或表示信号显示的某种附加意义。例如，在非联锁区段的道岔旁，有道岔表示器（图1.9b）。当它昼间显示中央划有一条鱼尾形黑线的黄色鱼尾板、夜间显示黄色灯光时，表示道岔位置开通侧向；当它昼间无显示，夜间显示紫色灯光时，表示道岔位置开通直向。

再如发车表示器（图 1.10），平时常态不点灯。当它显示一个白色灯光时，即告知列车头部的司机，列车尾部运转车长准许发车了。

信号标志有警冲标（图 1.11）、站界标、预告标等。警冲标设在两股会合的路线交点以内，警冲标以外两股线路的线间距不足 4 米，它用来警示停在股道内的机车车辆不得伸到警冲标以外线间距狭窄处，以免被邻线的通过列车剐蹭或发生碰撞。

让我们再来了解一下铁路信号显示所表达的意思。

表面上看，铁路信号和交通信号相似，也有红绿灯。但其实它与交通信号有着很大的不同。铁路信号显示的距离更远（可达公里）、显示的种类更丰富（既有多种颜色，也有不同组合）。最大的不同在于：交通信号要靠司机自觉遵守，司机如果违章闯红灯，往往在事后才处罚；而铁路信号的显示是火车司机必须绝对执行的命令。不执行怎么办？信号控制系统的自动停车装置当即就会采取安全措施，给你来个下马威！当场把你的违章行为用数据记录下来。

图 1.10　发车表示器

图 1.11　警冲标

信号机的显示就像是在铁路线旁睁着永不疲倦的"大眼睛",它所表达的主要意思如下。

——当它点亮柔和的绿色灯光时,列车就可以放心大胆地通过它按规定速度运行。

——当它从老远处显示一个黄灯,或两个黄灯,或一个黄灯加一个绿灯时,那是在提醒火车司机:"要注意喽,前方不远有情况,需要准备减速或开始减速了!"

——当它瞪大了红色的眼睛时,司机必须立即采取制动措施,在它面前停下来,否则就会发生事故。

在指挥调车时,由于列车的速度不快,信号显示灯光也比较"温柔"。

——月白色灯光,准许越过该调车信号机进行调车;

——蓝色灯光,不准越过该调车信号机调车。

信号显示是给移动中的火车司机看的,必须在距离足够远的地方让司机能够看见,以便及时采取相应措施。这个距离叫信号显示距离,指的是从机车上以人眼正常视力能够清楚地辨认信号显示的铁路线路距离。对于进站信号机和区间闭塞分区的通过信号机而言,显示距离应不小于1 000米。

信号机的显示内容受信号系统控制,例如进站信号机,受车站联锁设备的控制。当车站值班员根据作业内容办理好空闲进路,并将其锁闭,进站信号机则根据进路性质的不同而准备不同的灯光,譬如侧线停靠站台办理客运业务或者正线通过等。如何区分这些不同的情况呢?不要紧,进站信号机有不同的显示来明确地告诉司机。

——当车站允许列车不停车经正线股道通过车站时,进站信号机显示一个绿色灯光。

——当车站允许列车经道岔直向位置进入站内正线准备停车时,进站信号机显示一个黄色灯光。

——当车站允许列车经道岔侧向位置进入站内准备停车时,进站信号机显示两个黄色灯光。

——当车站不准许列车进站时，进站信号机显示一个红色灯光。

各种信号装置，它们各有各的岗位，各司其职。就拿信号机来说，有的站在车站门口把守大门，不准列车或机车随意进站；有的站在车站出口处，让列车有序出站；有的站在区间沿线，一路上给列车提醒……

2．火车进站怎么转线？

1）火车转线靠道岔

打开车站平面示意图（图1.12），首先可以看到站内有并行的几股道（图1.13），这些股道的编号一般从靠站舍一边开

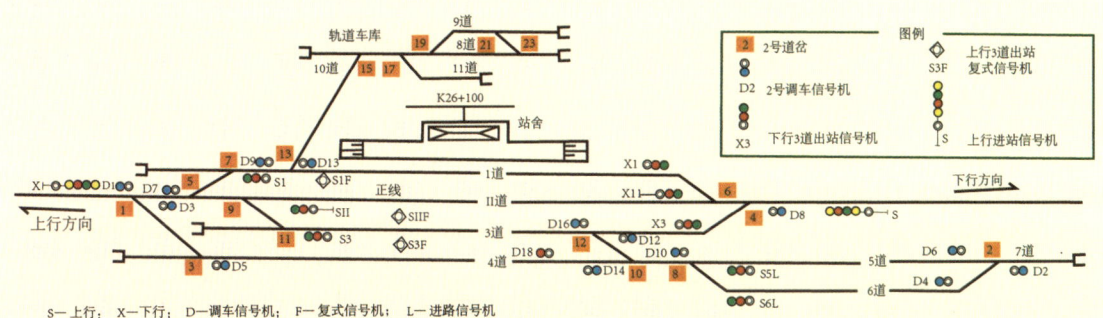

图1.12　车站平面示意图

图1.13　车站内的道岔

始数（与车站相连的车场的股道接着另外编号）。其中用罗马数字标示的是正线。

什么是正线呢？在车站两端各有一个进站信号机把守着，它们"岗哨"的外面就是区间的线路，而与区间线路直通（不需要转线）的站内股道就是正线。不是正线的股道叫侧线。

火车进站后怎样从正线转到侧线去呢？车站每一端都有一群道岔，在这里站内的所有股道通过道岔汇集在一起后与区间的线路相连，这里就是列车进出站所必经的车站咽喉区，也是列车进入侧线各股道的转折处。进站的列车只有经过道岔与股道构成的进路，才能进入车站各个股道。顾名思义，道岔就是铁道线路分岔的地方，是列车从一股道转向另一股道的转辙设备。

道岔是线路一分为二的节点，以常见的单开道岔为例，这种道岔分岔的时候，有一股是直道，一股是弯道。它的一端（我们暂称为 1 端）只有一条线路（由两根平行的钢轨组成），另一端（我们暂称为 2 端）却分成两条线路。列车从 1 端往 2 端方向通过它，可以从一条线路转向另一条线路。2 端的两条线路怎么能合并到 1 端一条线路上呢？奥妙在于辙叉，它使无论哪个方向（哪条线路）过来的列车都可以通过。从 1 端往 2 端过来的列车在分岔口究竟走哪个方向的线路呢？奥妙在于尖轨，它可以左右移动，它移动到不同位置，就会引导列车走不同方向。

让我们仔细看一下道岔的结构。

在 1 端，它有平行的一组两根可以左右移动的尖轨，尖轨外侧是两根固定的基本轨，尖轨紧贴一侧的基本轨而离开另一侧的基本轨，或者反过来，就是不能停在中间两头不靠。与尖轨和基本轨相连接的是 4 根合拢轨。其中有两根是直的（直合拢轨），引导线路直向前进；两根是弯的（也称为导曲线轨），引导线路侧向拐弯。

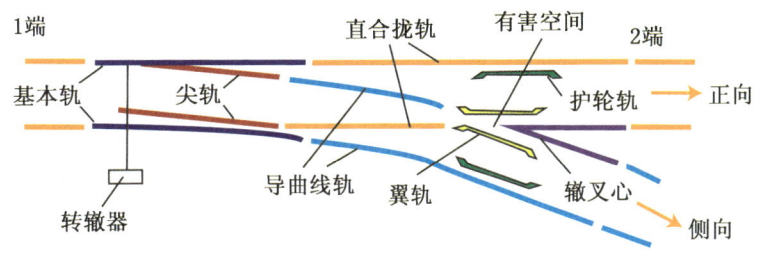

图 1.14 道岔的结构

在 2 端，即两条线路合并的地方，是辙叉部分。它由两根翼轨、1 个辙叉心和两根护轮轨（也称护轨）组成。辙叉心与翼轨之间的空间叫作"有害空间"，因为列车的车轮走到这里暂时悬空了，容易引起脱轨。翼轨和护轨就是用来引导车轮方向，防止脱轨的。

普通道岔由于存在有害空间，列车高速通过时会发生晃动。此外，在有害空间部位设置的护轨，对高速通过的列车会产生很大的横向压力，由此产生的水平力不仅可能引起轨道变形，导致轨道和机车车辆损坏，恶化乘坐环境，甚至危及行车安全。因此，在高速铁路，要采用可动心轨道岔。这种道岔，辙叉的心轨也是活动的，可以和尖轨同时被扳动，与开通方向一侧的翼轨密贴，而与另一侧的翼轨分开，从而消灭了有害空间，车轮可以脚踏实地地通过辙叉，使列车过岔平稳，并可以提高通过道岔的速度。

各种道岔，不但形状不同，尺寸也不同。道岔是按号数来分大小的，号数越大道岔也越大，从 1 端到 2 端的距离也就越长，铺设时占地也就越多。这是因为，号数越大的道岔，实际上它辙叉分开的角度反倒越小，也就是列车转线时偏离正线的角度小了，慢慢地向侧线过渡，而不是剧烈地摆向侧线一边，这样列车过岔的速度可以提高。

我国铁路主要线路上原来大多使用 9、12、18 号 3 个型号的道岔，它们所允许的列车侧向通过时速分别为 30、45、80 公里。2005 年我国铁路第五次大提速后，自主研制开发了具

图1.15 可动心轨辙叉

有世界先进水平的 30 号道岔和 42 号道岔，侧向过岔时速分别达到 140 公里和 160 公里，使旅客列车在快速侧向通过道岔时安全、平稳。

2）控制道岔靠转辙机

道岔怎样转换方向呢？过去曾靠人工扳道，那是很辛苦的。20 世纪六七十年代计划经济时期，每人每月的粮食是定量的，由政府发给粮票，一般每人每月 15 千克，扳道员的粮食定量最高，每月 40 千克，可见其劳动强度之大。现在扳道岔全靠转辙机来拖动，只需车站值班员在室内按动电钮，有关的道岔就自动扳到所需要的位置，又快又省劲。

一个道岔，加上转辙机，就成为道岔转辙装置。转辙机是道岔转辙装置的核心，另外还包括锁闭装置和各种杆件、安装装置等，由它们共同完成道岔的转换和锁闭。转辙机按其动力和传动方式可分为：电动转辙机、电液转辙机和电空转辙机。

当高速列车通过道岔时，即便其尖轨与基本轨贴密良好，但由于列车震动仍有可能使道岔状态改变，锁闭能力不强，限制行车速度。要能让高速列车通过，必须采用外锁闭装置。

一般道岔由 1 台转辙机拖动转换，在高速列车通过的区段，使用大号码道岔。例如 18 号或 30 号道岔，因转换阻力

图1.16 用2台转辙机转换辙叉心轨

图1.17 30号道岔采用6台转辙机牵引尖轨

大,需要几台乃至十几台转辙机拖动转换(图1.17)。

3. 轨道上的"侦察员"

1)轨道电路

铁路利用轨道电路来检查轨道上是否有列车或车辆占用,因此,轨道电路就像一个埋伏在轨道上的"侦察员",时时刻刻监视着轨道的状态,保证列车或车辆不会驶入有车占用的轨道上,避免发生撞车事故(图1.18)。

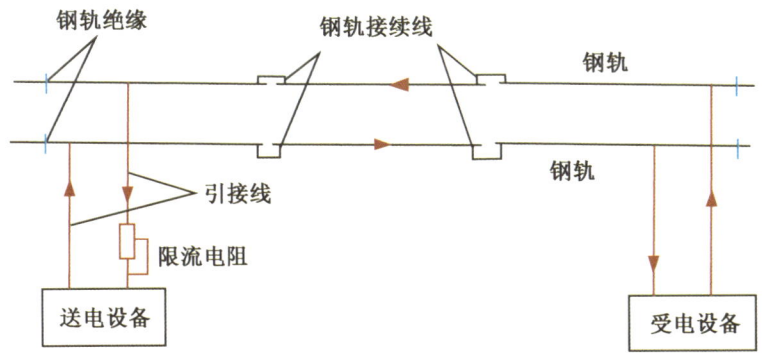

图1.18 轨道电路的组成

轨道电路是由两条钢轨和钢轨绝缘节构成的电路,钢轨绝缘将相邻的两个轨道电路分隔开来,以免相互影响。两个绝

图 1.19 轨道电路的送电设备与受电设备

缘节之间的钢轨线路距离,称作轨道电路长度。由于轨道电路两条钢轨之间的道砟有一定的漏泄电阻,使送电设备送出的电流不可能全部到达受电设备,部分电流经道砟泄漏,返回送电端;另外,钢轨本身也有电阻,所以轨道电路长度是受到限制的。

为了降低在一段轨道电路中间两钢轨接缝处的接触电阻,在钢轨接缝处增加了钢轨接续线。

引接线是轨道电路两端设备的导线。

送电设备向钢轨发送信号电流。不同制式的轨道电路,送电设备的组成也不同。限流电阻在送电端,用以调整轨道电路的信号电流。

受电设备用来接收送电设备经钢轨送出的信号电流,并控制有关设备执行命令,它是轨道电路的执行元件,大多采用轨道继电器。当钢轨线路空闲时,轨道电路的送电设备经过限流电阻向钢轨线路送电,经过钢轨传输到受电设备使轨道继电器励磁吸起。当钢轨线路有车占用时,由于轮对的分流作用,使流过轨道继电器的电流急剧减小,造成轨道继电器失磁落下;一旦列车或调车车列出清该轨道电路后,轨道继电器恢复吸起。此外,当钢轨折断后,无论送电设备如何送电,轨道继电器也会落下。因此,轨道继电器的吸起或落下,反映了是否有列车占用轨道电路或钢轨是否断裂的状态。

轨道电路主要有两个作用:

(1)检查列车或车列占用

当列车在区间行驶或者列车和调车车列在站内运行时,通过轨道电路的轨道继电器吸起或落下，可以检查列车或车列对轨道区段的占用情况，从而获得该轨道区段是否空闲的信息，为建立进路、开放信号提供依据；也可以利用轨道电路被占用的条件（轨道继电器失磁落下）来关闭有关的信号机（图1.20）。另外从哪一段轨道电路被占用可以看出列车的位置，实现列车粗略定位。

图1.20　信号机和轨道电路

（2）向列车传送行车信息

交流方式的轨道电路还可以依靠电磁感应原理在钢轨和列车之间实现信息传输。例如移频自动闭塞轨道电路，就是以不同低频信号键控载频向列车后方传送列车的位置和控制信息，从而控制通过信号机的显示，为后续列车运行提供行车指令，还向列车控制系统提供列车运行所需的前行列车位置、运行前方信号机状态和线路条件等信息，完成列车之间的安全信息传输。

2）计轴器

除轨道电路外，也可以利用计轴器来检查轨道区段是否空闲。计轴器是用来计算机车车辆进出轨道区段的轮轴数，分析计算该区段是否有车占用的一种技术设备（图 1.21）。

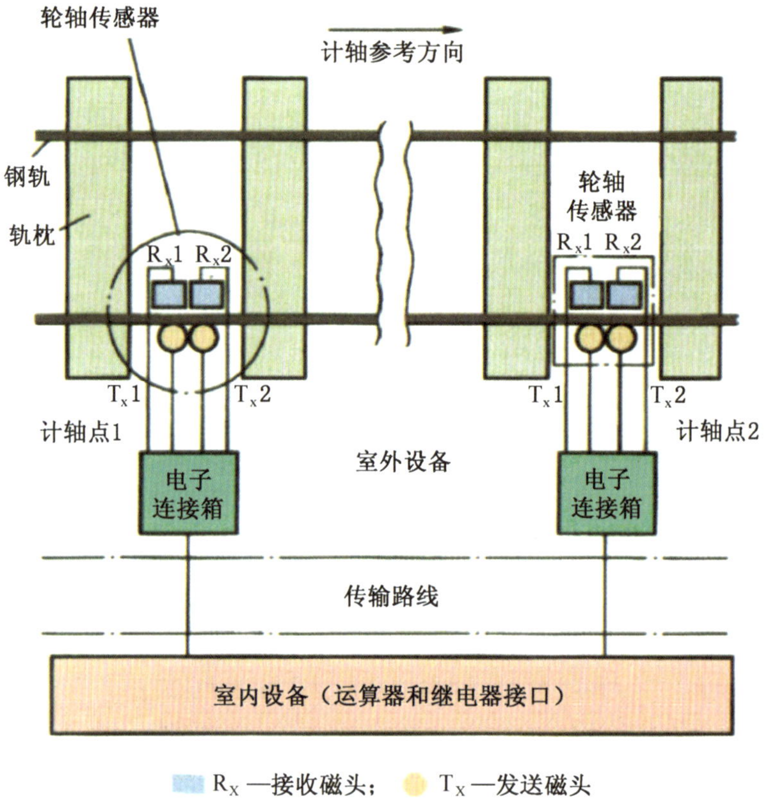

图 1.21 计轴设备的构成

R_x—接收磁头； T_x—发送磁头

计轴器由室内设备和室外设备两部分组成。室外设备包括并置轮轴传感器（磁头传感器）和电子连接箱；室内设备包括运算器、继电器等，或采用微型计算机构成计轴器主机系统。室外设备和室内设备通过传输线路连接起来。如果机车车辆进入第一计轴点，通过第一计轴点磁头传感器，测出进入该区段的车轮轮轴总数，由此确定两个计轴点之间的区段内有无车占用。当机车车辆从第二计轴点驶出时，由第二计轴点的磁头传感器测出离去的车轮轮轴总数。通过室内运算器的计算和分析，如果两计轴点的车轮轮轴总数相等，则表明由第一计轴点进入的机车车辆已全部离去，两计轴点之间的区段呈空闲状态。因此，计轴器可实现轨道电路的部分功能，它能检测轨道区段的占用或空闲。它主要用于道床电阻很低、漏泄电流很大、轨道电路不能正常工作的轨道区段，如长大隧道；还可用于自动站间闭塞，检查区间是否空闲。

三、闭塞

那么，什么是"闭塞"呢？

"闭塞"一词，指的是与外界隔绝，把一个地方"封锁"起来的意思。在铁路上，是指把有列车运行的线路区段封闭起来；在双线单向运行区段，不准许后续列车再驶入区间；在单线双向运行区段，还必须防止两个车站向同一个区间发车。这样，才可以防止列车追尾或相撞。与闭塞相反的状态是开通，解除闭塞后，线路或区间就开通了。

最早的闭塞是站间闭塞。两个车站之间的铁路线路叫区间。实行区间闭塞，要求每一趟列车在由车站驶向区间运行时，必须满足3个条件：

——要验证区间线路空闲；

——要有进入区间的凭证；

——一旦有被允许的列车占用区间，即实行在解除闭塞之前，不准许其他任何列车驶入。

如果把两个车站之间较长的区间（比如长10公里）分成若干段（比如说1公里一段），称作闭塞分区，并在其分界点安装通过信号机，防护该闭塞分区，这样两个车站之间就可以同时同方向运行多趟列车，提高了区间的通过能力。我国铁路行车闭塞方式大致经历了从电报或电话闭塞，到路签或路牌闭塞，再到半自动闭塞，至如今自动闭塞的发展过程。目前，双线铁路主要采用自动闭塞，单线铁路主要采用半自动闭塞，还有极少量支线铁路仍采用电气路签闭塞。

1. 什么是半自动闭塞？

半自动闭塞是以出站信号机的允许信号显示（绿灯）作为列车占用区间的凭证。发车站的出站信号机必须经过两站同意并办理闭塞手续后才能开放。列车出发进入区间后，出站信号机自动关闭，区间处于闭塞状态；在列车未到达接车站以前，向该区间发车的所有信号机都不能开放，这样就保证了两个车站间的区间内同时只能有一趟列车在运行。列车到达接车站后，必须由接车站值班员来确认列车的完整到达，用专用的到达复原按钮发送复原信号之后，区间才能解除闭塞状态，还原到开通状态。这种闭塞方式，因为区间由开通转为闭塞，是由出发列车自动完成的；而区间由闭塞还原为开通，要靠人工操作，所以是"半自动"的。

2. 什么是自动闭塞？

1）自动闭塞的基本概念

自动闭塞是将站间区间划分为若干个闭塞分区，每个闭塞分区都设有轨道电路，并在其入口处设置防护该闭塞分区的通过信号机。

根据列车运行及有关闭塞分区的状态，当列车压入轨道电路时，自动变换通过信号机的显示，而司机只凭通过信号机的显示来行车。

如何划分闭塞分区呢？不能太稀也不能太密。显然，闭塞分区密一些，列车追踪行驶的间隔距离就会小一些（后车对前车跟得紧一些），这样对提高通过能力有好处。但闭塞分区的长度不能太短，它至少要大于列车的制动距离，这样才能保证列车在红灯面前停得住。若停不住，列车闯入红灯防护的闭塞分区，叫作"冒进信号"，容易酿成大的事故。至于闭塞分区的长度，受两方面限制，一要考虑信号机的显示距离，闭塞分区长了，司机看不到信号显示也不行；二要考虑轨道电路的长度，太长了轨道电路信号衰耗太大，不能可靠地工作。一般闭塞分区的长度在 1 公里左右。

自动闭塞是在列车运行过程中自动完成闭塞作用的。双线单方向自动闭塞如图1.22所示，它将一个区间划分为若干小段，即闭塞分区，在每个闭塞分区的起点装设通过信号机（如图1.22中的1、3、5、7和2、4、6、8信号机均为通过信号机），用以防护该闭塞分区。每个闭塞分区内都装设轨道电路（或计轴器等列车检测设备）；通过轨道电路将列车和通过信号机的显示联系起来，根据列车运行及有关闭塞分区的状态使通过信号机的显示自动变换。因为闭塞作用的完成不需要人工操纵，故称为自动闭塞。

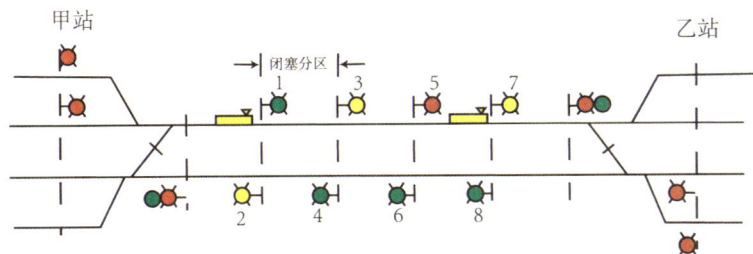

图1.22 双线单方向自动闭塞示意图

自动闭塞不需要办理闭塞手续，并可开行追踪列车，既保证了行车安全，又提高了运输效率。和半自动闭塞相比，自动闭塞有以下优点：

（1）两站间的区间允许后行列车追踪运行，大幅度地提高了行车密度，显著提高了区间通过能力。

（2）不需要办理闭塞手续，简化了办理接发列车的程序，既提高了通过能力，又大大减轻了车站值班人员的劳动强度。

（3）通过信号机的显示能直接反映运行前方列车所在位置以及线路的状态，确保了列车在区间运行的安全。

（4）为列车运行超速防护提供连续的速度信息，构成更高层次的列车运行控制系统，保证列车高速运行的安全。

由于自动闭塞具有明显的技术经济效益，所以广泛应用于各国铁路（尤其是双线铁路）；更由于自动闭塞便于和列车自动控制、行车指挥自动化等系统相结合，它已成为现代化铁路必不可少的基础设备。

2）自动闭塞的基本原理

自动闭塞通过轨道电路（或计轴器等列车检测设备）自动地检查闭塞分区的占用情况，根据轨道电路的占用和空闲状态，通过信号机自动地变换其显示，以指示列车运行。

图 1.23 所示为三显示自动闭塞基本原理图。通过信号机的不同显示是调整列车运行的命令。三显示自动闭塞通过信号机的显示意义是：

一个绿色灯光——准许列车按规定速度运行，表示运行前方至少有两个闭塞分区空闲。

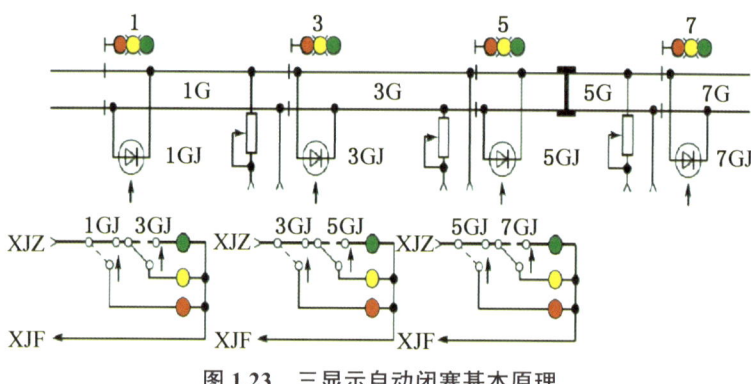

图 1.23　三显示自动闭塞基本原理

一个黄色灯光——要求列车注意运行，表示运行前方只有一个闭塞分区空闲。

一个红色灯光——列车应在该信号机前停车。

通过信号机平时显示绿灯，即"定位开放式"，只有当列车占用该信号机所防护的闭塞分区或线路发生断轨等故障时，才显示红灯——停车信号。

每架通过信号机处为一个信号点，信号点的名称以通过信号机命名。例如，通过信号机"1"处就称为"1"信号点。

现以图 1.23 为例说明自动闭塞的工作原理：

当列车进入 5G 闭塞分区时，5G 的轨道电路被列车车轮分路，轨道继电器 5GJ 落下，通过信号机 5 显示红灯，则通过信号机 3 显示黄灯，通过信号机 1 显示绿灯。当列车驶入 7G 闭塞分区并出清 5G 闭塞分区时，轨道继电器 5GJ 吸起，7GJ 落下，因而通过信号机 7 显示红灯，通过信号机 5 显示黄灯，通过信号机 3 和 1 显示绿灯。

通过对三显示自动闭塞基本原理的叙述，可得出以下几点结论：

（1）通过信号机的显示是随着列车运行的位置而自动改变的。当显示黄灯时，列车运行前方只有一个闭塞分区空闲；当显示绿灯时，列车运行前方至少有两个闭塞分区空闲。

（2）通过信号机的禁止信号（红灯显示），是利用轨道电路传送的；而其他的显示信息可以利用轨道电路，也可利用电缆传送。

（3）若利用轨道电路传送信息，在每一个信号点处不但有接收本信号点信息的接收设备，同时还需有向前方信号点发送信息的发送设备。

虽然自动闭塞有不少制式，但是它们有着共同的特点，即大多是以轨道电路为基础构成的，也就是说是采用轨道电路来传输信息的。

3. 自动闭塞的分类

自动闭塞一般是根据运营方面和技术方面的特征来进行分类的。

1）按行车组织方法可分为单向自动闭塞和双向自动闭塞

（1）单线双向自动闭塞

在单线区段，只有一条线路，既要运行上行列车，又要运行下行列车。为了调整双方向列车的运行，在线路的两侧都要装设通过信号机，这种自动闭塞称为单线双向自动闭塞。如图 1.24 所示。

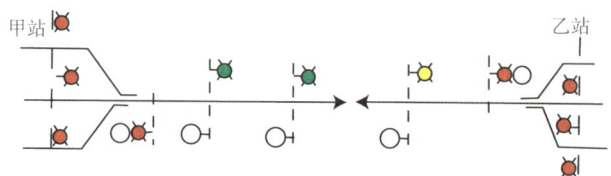

图 1.24 单线双向自动闭塞

（2）双线单向自动闭塞

在双线区段，以前一般采用列车单方向运行方式，即一条铁路线路只允许上行列车运行，而另一条铁路线路只允许下行列车运行。为此，对于每一条铁路线路仅在一侧装设通过信号机，这样的自动闭塞称为双线单向自动闭塞。如图 1.25 所示。

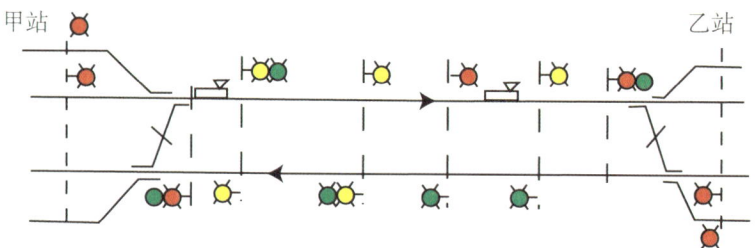

图 1.25 双线单向自动闭塞

（3）双线双向自动闭塞

为了充分发挥铁路线路的运输能力，在双线区段的每一条线路上都能双方向运行列车，这样的自动闭塞称为双线双向自动闭塞，如图 1.26 所示。正方向设置通过信号机，反方向运

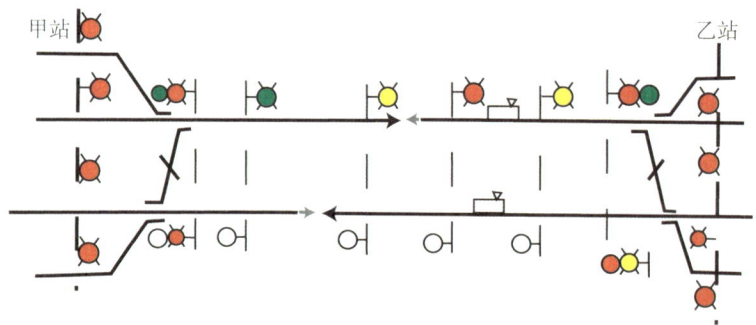

图 1.26 双线双向自动闭塞

行的列车是按机车信号的显示作为行车命令的,即此时以机车信号作为主体信号。

双线单向自动闭塞,只防护列车的尾部,而单线或双线双向自动闭塞,必须对列车的尾部和头部两个方向进行防护。为了防止两方向的列车正面冲突,平时规定一个方向的通过信号机亮灯,另一个方向的通过信号机灭灯(或另一个方向的机车信号没有信息),只有在需要改变运行方向,而且在区间空闲的条件下,由车站值班员办理一定的手续后才能允许反方向的列车运行。

2)按通过信号机的显示制式可分为三显示自动闭塞和四显示自动闭塞

三显示自动闭塞的通过信号机具有三种显示,能预告列车运行前方两个闭塞分区的状态。当通过信号机所防护的闭塞分区被列车占用时显示红灯;仅它所防护的闭塞分区空闲时显示黄灯;其运行前方有两个及以上的闭塞分区空闲时显示绿灯。

四显示自动闭塞是在三显示自动闭塞的基础上增加一种绿、黄显示。它能预告列车运行前方三个闭塞分区的状态,列车以规定的速度越过绿、黄显示后必须减速,以使列车在抵达黄灯显示下运行时不大于规定的黄灯允许速度,保证在显示红灯的通过信号机前停车;而对于低速、制动距离短的列车越过绿、黄显示后可不减速。

四显示自动闭塞的信号显示具有明确的速差含义,是真正意义的速差式自动闭塞,列车按规定的速度运行,能确保行车安全。四显示自动闭塞能缩短列车运行间隔,缩短闭塞分区长度,提高运输效率。

3)按设备放置方式可分为分散安装式自动闭塞和集中安装式自动闭塞

分散安装式自动闭塞的设备都放置在每个信号点处。分散安装方式虽然造价较低,但设备安装在铁路沿线,受环境温度影响大,所以设备工作稳定性较差,故障率较高,也不利于维

护。集中安装式自动闭塞的设备集中放置在相近的车站继电器室内，用电缆与通过信号机相联系。集中安装式自动闭塞极大地改善了设备的工作条件，提高了设备的稳定性和可靠性，十分便于维修，但需大量电缆，造价较高。

4）按传递信息的特征可分为交流计数电码自动闭塞、极频自动闭塞和移频自动闭塞等

交流计数电码自动闭塞以交流计数电码轨道电路为基础，以钢轨作为传输通道传递信息，不同信息的特征靠电码脉冲和间隔构成不同的电码组合来区分。

极性频率脉冲自动闭塞（简称极频自动闭塞）以极性频率脉冲轨道电路为基础，以钢轨作为通道传递信息，不同信息的特征靠两种不同极性和每个周期内不同数目的脉冲来区分。

移频自动闭塞以移频轨道电路为基础，用钢轨传递移频信息。它是一种选用频率参数作为信息的制式，利用调制方法把规定的调制信号（低频信息）搬移到载频段并形成振荡，由上下边频构成交替变化的移频波形，其交替变化的速率就是调制信号频率。该闭塞制式具有信息量大、抗干扰能力强及防护相邻轨道电路绝缘节的破损等特点，是我国高速铁路目前采用的主要闭塞制式。

5）按是否设置轨道绝缘分为有绝缘自动闭塞和无绝缘自动闭塞

传统的自动闭塞在闭塞分区分界处均设有钢轨绝缘，以分隔各闭塞分区。但钢轨绝缘的设置不利于线路向长钢轨、无缝化发展，钢轨绝缘损坏率高，影响了设备的稳定工作，且增加了维修工作量和费用。尤其是电气化区段，牵引电流为了通过钢轨绝缘，必须安装扼流变压器，缺点更明显，于是出现了无绝缘自动闭塞。无绝缘自动闭塞以无绝缘轨道电路为基础。无绝缘轨道电路分谐振式和感应式两种，用电气绝缘替代了区间线路的钢轨绝缘，满足了铁路无缝化、电气化发展的需要。

四、速度防护

1. 速度防护的概念

速度防护也叫超速防护（ATP），即为防止列车超速运行而采取的措施。所谓超速，包括以下这些情形：列车速度超过进路允许的速度，或者超过线路结构规定的速度，或者超过机车车辆的构造速度，或者超过临时限速及紧急限速，以及超过铁路有关运行设备的限速。为保证列车运行安全，要严格防范超速现象发生。列控车载设备根据目标距离、目标速度、线路参数描述信息、临时限速及列车本身的性能计算目标距离-速度控制模式曲线。司机按照监控曲线控制列车运行，当列车实际运行速度处于监控曲线之下可以保证列车安全；如果超速碰撞了速度监控曲线，列控车载设备将自动触发常用制动或紧急制动，防止列车超速运行。

2. 速度防护的基本特征

随着列车速度的不断提高，当列车速度超过160公里/小时时，司机难以辨别地面信号，需要凭车载信号操纵列车。同时，高速列车制动距离延长，追踪间隔时间缩短，为了保证列车安全，需要ATP设备对列车进行超速防护。高速列车列控系统的基本特征包括：

（1）根据运输能力要求，列控系统保证的安全追踪间隔最小为3分钟；

（2）能够控制的列车速度目标值为200～250公里/小时、300～350公里/小时及以上；

（3）由列控车载设备对列车进行超速防护。列控系统是由地面信号设备和车载设备共同组成的闭环高安全系统，是地面联锁向车载设备的延伸，在此基础上实现以车载设备为主的行车方式；

（4）列控车载显示作为行车凭证；

（5）采用连续速度-距离模式曲线控制方式；

（6）应满足不同运行速度列车控制的要求；

（7）具有跨线运行和降级运行功能；

（8）车载显示不是传统的机车信号，而是通过人机交互接口单元（DMI）向司机显示目标距离、目标速度、监控曲线和列车实际速度等信息；

（9）利用信号安全数据网进行安全信息的交互传递。

速度-距离模式曲线控制方式是根据目标速度、线路参数、列车参数、制动性能等确定地反映列车允许速度与目标距离间关系的曲线。速度-距离模式曲线反映了列车在各点允许运行的速度值。列控系统根据速度距离模式曲线实时给出列车当前的允许速度，当列车超过当前允许速度时，设备自动实施常用制动或紧急制动，保证列车能在停车地点前停车。

我国高铁列控系统采用连续速度-距离模式曲线控制方式。速度-距离模式曲线控制不再对每一个闭塞分区规定一个目标速度，而是向列车传送目标速度、列车距目标的距离信息。列车实行一次制动控制方式，列车追踪间隔可以根据列车制动性能、车速、线路条件调整。这种方式缩短了运行间隔，提高了运输效率，增加了旅行舒适度。

高速列控系统相对普速列控系统的特点对比见表1.1。

表1.1 高速列控系统相对普速列控系统的特点

项　目	既有线列控系统	高速列控系统
适应线路速度	160公里/小时以下。	200～250公里/小时，300～350公里/小时及以上。
车载设备	机车信号和监控装置。	ATP超速防护设备。
车站与区间通信和控制	相对独立。	车站和区间一体化，通信信号一体化。
运输形式	客货混跑。	客运专线。
设计方式	逐步添加，搭积木式。	车地一体化设计。
列车运行控制属性	开环系统，人在系统中起主导作用。	闭环系统，由设备保证安全。
控制对象	地面信号设备。	车载信号设备。
车地信息传输及列控信息量	轨道电路单向传输，信息量少。	轨道电路及应答器单向、GSM-R双向传输、信息量大。

3. 速度模式曲线

1）目标距离-连续速度模式曲线

目标距离模式曲线是根据目标速度、目标距离、线路条件、列车特性等确定的反映列车允许速度与目标距离间关系的曲线。列控系统根据速度距离模式曲线实时给出列车当前的允许速度，当列车超过当前允许速度时，设备自动实施常用制动或紧急制动，保证列车能在停车地点前停车。在这样的控制系统中又分成以下两种方式：分段速度-距离模式曲线控制和一次速度-距离模式曲线控制。

列控车载设备给出的一次连续的制动速度监控曲线是根据目标距离、目标速度、线路参数和列车本身的性能计算而定的。速度-距离模式曲线不是对每一个闭塞区间设定一个目标速度和目标距离，而是可以包括多个闭塞分区的信息，实行一次制动方式。列车的追踪目标点是前行列车所占用闭塞分区的始端。目标点相对固定，在同一闭塞分区内不依前行列车的走行而变化，而制动的起始点是随线路参数和列车本身性能不同而变化的。空间间隔的长度是不固定的，显然其追踪运行间隔要比固定闭塞小一些，即一次速度-距离模式曲线控制方式提高了列车运行效率。那么车载设备的制动曲线是如何计算得出的呢？这就是下面我们要说的 CTCS-2 列控系统和 CTCS-3 列控系统。

CTCS-2 列控系统由轨道电路发送行车许可和前方空闲闭塞分区数量信息，应答器发送闭塞分区长度、线路速度、线路坡度等固定信息；列控车载设备接收上述信息，通过"前方空闲闭塞分区数量"和"闭塞分区长度"信息，获得目标距离长度，并结合线路速度、线路坡度和对应的制动性能等固定参数，计算得到速度监控曲线，同时监控实际驾驶曲线，使其始终处于速度监控曲线下方，保证列车安全运行。

CTCS-3 列控系统由无线闭塞中心（RBC）接收联锁信号授权（SA）信息及列车位置信息产生行车许可，RBC 将行车许可、进路范围内的线路描述信息、临时限速发送到车载设

备。列控车载设备收到以上信息后结合列车参数，计算得到速度监控曲线，监控列车安全运行。同时，实现 RBC 切换和对列车的平稳控制。

为了保证动车组在规定速度内运行，车载设备还根据参数生成一些监控曲线，包括：常用制动模式曲线 NBP、紧急制动模式曲线 EBP、缓解制动速度 REL、静态速度曲线 SSP、动态速度曲线 DSP、最严格限制速度曲线 MRSP。

2）顶棚速度监控

CTCS-2 和 CTCS-3 车载设备可选择司机制动优先和设备制动优先两种方式。对顶棚速度区（CSM）和目标速度区（TSM）列车速度的监控，ATP 采用不同的制动输出模式与制动指令。制动模式分常用制动模式（NB）和紧急制动模式（EB）两个独立的速度模式。

在设备制动优先条件下，对 CSM 区列车速度监控。当实际速度超过报警曲线（W）时，车载设备就会输出 S2（制动预警时的声音信号），实际速度低于 W 以下 2 秒后 S2 信号复位。当实际速度超过 NB 时，就会输出 B7N；当实际速度低于 REL 时 B7N 将会停止输出，如图 1.27 所示。当实际速度超过 EB 时，EB 制动就会输出，实际速度降到 0 公里/小时

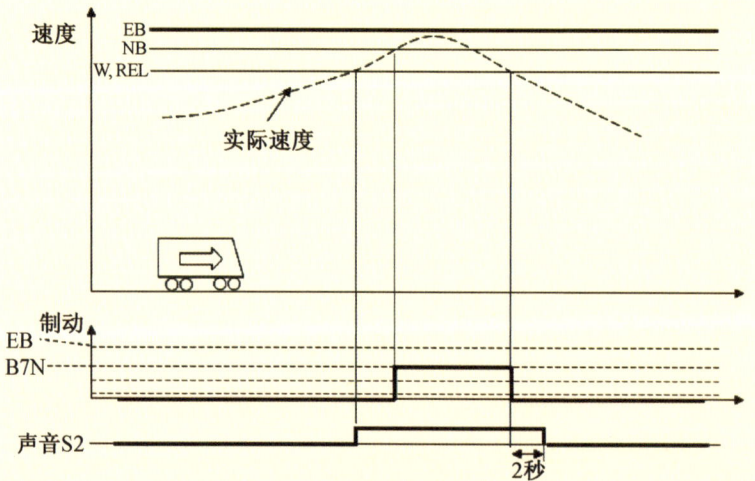

图 1.27　常用制动速度模式与制动指令

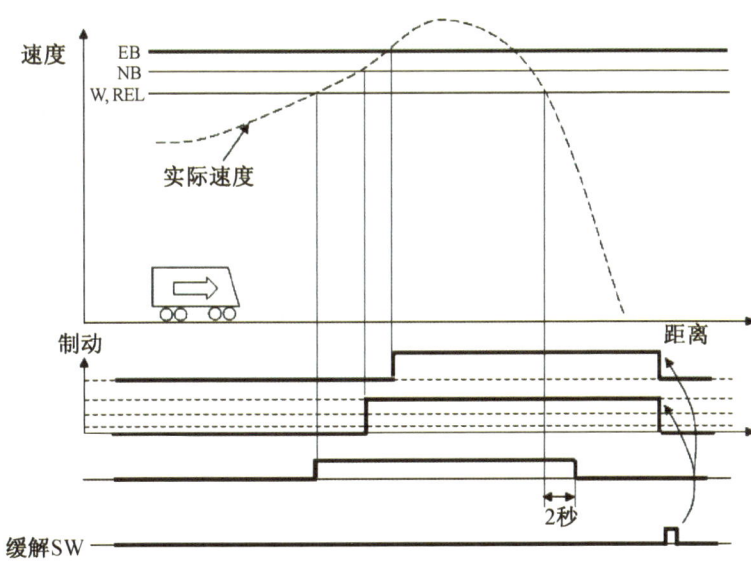

图 1.28 紧急制动速度模式与制动指令

后,操控缓解手柄后 B7N、EB 同时复位,如图 1.28 所示。

3)目标速度监控

在设备制动优先条件下,对 TSM 区列车速度监控。当列车实际速度超过 EB 模式时,EB 就会被输出,直至列车速度降为 0 公里/小时后,操控缓解手柄后 EB 输出复位,如图 1.29 所示。当列车速度接近 W 时,发出 B1N 指令,同时动力

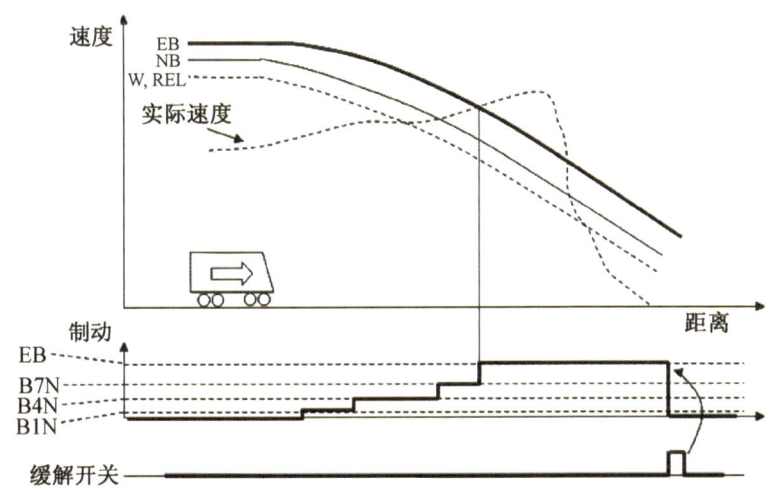

图 1.29 速度模式与制动指令(紧急制动模式)

运行指令强制切断。当列车速度达到 W 时，发出 B4N 指令。当列车速度达到 NB 时，发出 B7N 最大常用制动指令。之后，当列车速度降到 REL 之下时，发出 B4N 指令，如图 1.30 所示。

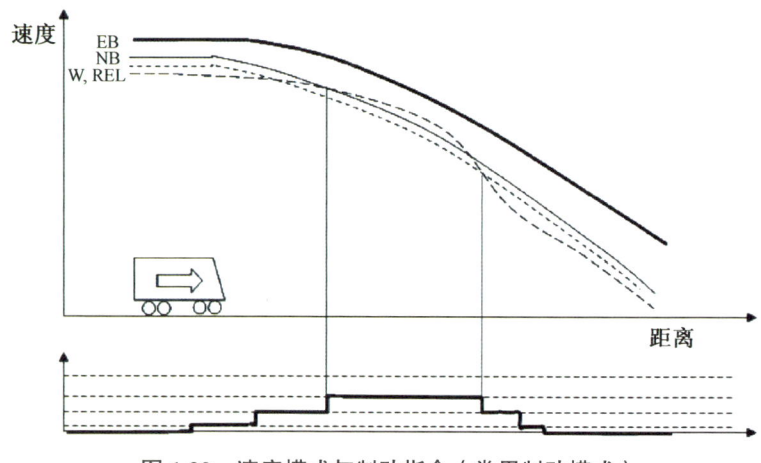

图 1.30　速度模式与制动指令（常用制动模式）

五、车站联锁是怎么回事

1. 至关重要的联锁

铁路车站是列车交会和避让的场所。在客运站，列车要停靠不同站台，供旅客上、下车。在编组站，货物列车要分解开来，送往不同股道，然后重新集结。在区段站，列车可能还要更换车头。可以把铁路车站看作是列车或机车车辆的临时"停车场"，但与长途汽车的停车场相比，铁路车站里面的行车线路排列得非常有序，管理得非常严格。且不说旅客在站内不能随意行走，只能通过天桥或地道到站台上；就是机车车辆也不能随意在站内开行。

火车在站内怎么走行呢？线路进入车站内必然分岔，形成许多并行的股道，列车或机车车辆只能在股道上分开停放或开行，股道是它们"歇脚"的地方和互不妨碍的通道。线路则通过道岔联结着不同的股道。

列车或机车车辆进出股道时，在站内运行所经过的径路（包括通过道岔转线），称为进路（图1.31）。按其中各个道岔的不同开通方向，可以构成不同的进路。为了安全，每条进路的入口处都有相应的信号机来防护，列车（或机车车辆）进站要听安排，必须依据信号的开放通过指定的进路进、出站。

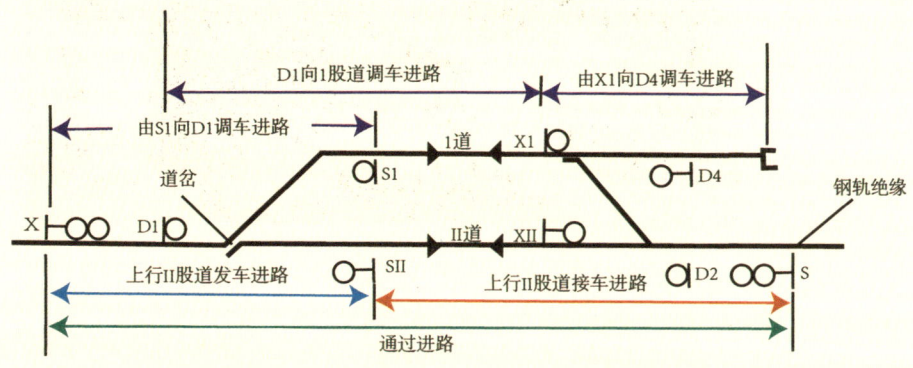

X—下行进站信号机；　S1—上行1道出站信号机；　D4—4号调车信号机；
D1—1号调车信号机；　SII—上行II道出站信号机；　D2—2号调车信号机；
XII—下行II道出站信号机；　X1—下行1道出站信号机；　S—上行进站信号机

图1.31　车站进路示例图

进路分为列车进路和调车进路。列车进路是列车进出站用的；调车进路是机车车辆在站内进行调车作业往返用的。因此信号机也分进站、出站信号机和调车信号机。它们的"长相"不太一样，信号显示也有所不同，但无论哪种信号机，原则性都非常强，不具备一定的条件，绝对不会开放信号。因为如果不加限制，有可能所开放的进路上道岔的位置不对，本来要进1道却进了2道或者机车直接将道岔挤坏；有可能开放的进路上已停放着别的列车或机车车辆；还有可能进路开放后来自其他进路的列车又闯进来……那样将造成车辆脱轨、颠覆或相撞事故，后果不堪设想。反过来说，正因为信号机的开放是有条件的，所以一旦信号开放，司机就可以放心地进入它所防护的

进路了。

图1.32 车站值班室内继电联锁的控制台

站内的道岔很多，特别是大站，道岔多达上百组，可能排列的进路也很多。有些进路互相冲突，彼此叫作"敌对进路"（比如同一股道对向接车便会迎面相撞），是不能同时开放的。因此，当建立一条进路时，相关的道岔进路和信号机之间必须互相制约，不能各行其是。这种车站内信号、道岔、进路之间的制约关系就叫作联锁。

举例来说，要开放进站信号让列车进入站内某一股道，必须先经过以下的步骤：

——确保该进路是空闲状态，没有被其他机车车辆占用；

——确保进路上的所有道岔都已被锁在正确位置，防止由于振动或临时扳动道岔而使运行中的列车脱轨；

——确保其他列车不会从正面、侧面和尾部闯入该进路而造成撞车事故。

只有上述3个条件都满足了，信号机才能开放，以保证行车安全。

作为车站信号控制系统（图1.33），联锁设备是保证铁路

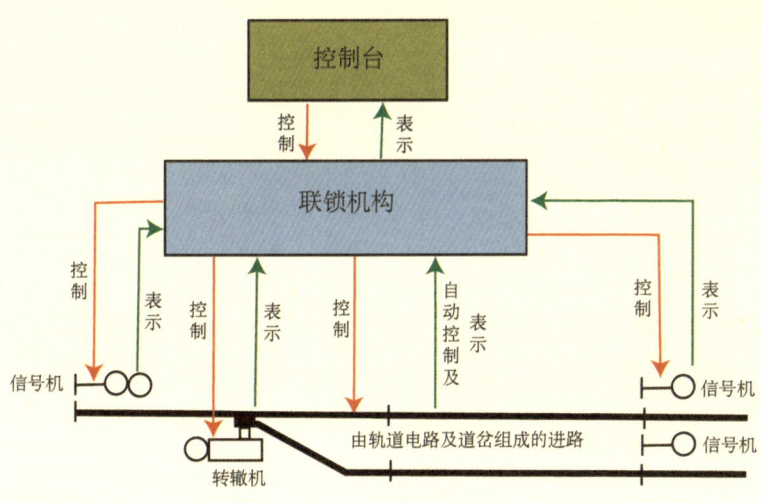

图 1.33 车站控制系统框图

车站行车和调车作业安全的重要技术措施，它要根据各个车站的不同情况，在车站众多的信号机、道岔、进路之间建立一套逻辑严密、井然有序的相互制约关系。

2．盛极一时的"6502"

为迎接中华人民共和国建国十周年，1959年，北京站（共有77组联锁道岔）装设了"型信590"进路操纵式大站电气集中设备。这是我国自行研制的第一个大站电气集中设备。后来又研制过多种制式，几经改进和完善，1973年，前铁道部指示当时的电务工程总队在以往设计的电气集中电路基础上，设计一套便于大量推广使用的大站电气集中标准电路，定名为"电号6502"。1977年，铁道部又决定，今后车站信号设备新建和大修时，均以"电号6502"为主要型式，这就是大名鼎鼎的6502电气集中定型电路。该项科研成果于1978年获得了全国科技大会奖励，此后得到了大力推广，盛极一时。

1）电气集中联锁基本原理

电气集中联锁设备主要由室内的控制台、联锁机构、电源屏和室外现场设备组成，这些设备均由信号电缆连接起来，完成其控制功能。

电气集中联锁室外采用色灯信号机，道岔由电动或电液转辙机转换，进路上所有区段均设有轨道电路；控制台和联锁机构则都设在信号楼中，在室内进行集中控制和监督。联系室内外设备的信号电缆，将室内设备的控制命令传给转辙机和信号机，同时将室外信号机、转辙机、轨道电路的状况，实时地反映（表示）到室内设备上来。

工作人员通过控制台控制现场设备，并通过控制台上的站场模型表示盘来监视现场设备的工作状态。为了行车安全，控制现场设备时，需要通过联锁机构进行逻辑运算，排除敌对进路，并有序地执行控制命令。

电气集中联锁把全部道岔、进路和信号机集中起来控制和监督，在一定程度上实现了站内行车指挥的自动控制，能正确及时地反映现场行车情况，不像非集中联锁分散控制时需要联系的时间，而且完全清除了因联系错误而引起的事故，因而大大提高了行车安全程度和作业效率，并且极大地改善了行车人员（扳道员）的劳动条件。

2）6502电气集中设备构成（图1.34）

6502电气集中的室外设备有信号机、道岔转辙机、轨道电路以及连接室内外设备的电缆线路。

——信号机用于防护进路，无论是列车进路还是调车进路，每段进路口都必须设置信号机来站岗放哨。

——联锁区内的所有道岔都要安装电动（或电液）转辙机，用于可靠地转换并锁闭道岔，并可在室内集中操纵。

——进路是由轨道电路区段连接而成的。凡处于列车进路或调车进路上的站内股道及道岔区，都必须安装轨道电路，以便监督轨道上有无机车车辆占用，即检查进路空闲。

——电缆线路是连接室内、室外设备，传送控制和监督信息的通道。

6502电气集中的室内设备主要包括控制台、区段人工解锁按钮盘、继电器组合及组合架、电源屏等。

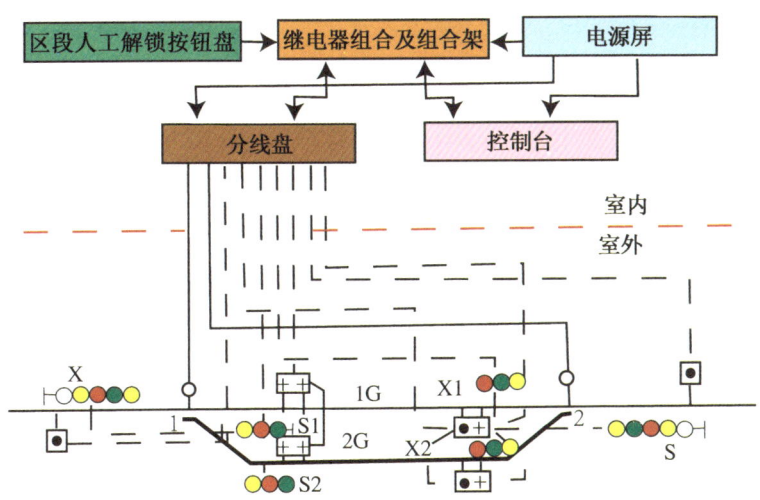

图 1.34 电气集中设备组成

——控制台是车站值班员办理列车进路和调车进路的控制设备,用来控制道岔转换和信号开放,并对进路、信号、道岔进行监督。控制台设在信号楼控制台室或车站值班员室内。

——区段人工解锁按钮盘的作用是,在更换继电器、轨道电路停电恢复等情况下使设备解锁,恢复电路的正常状态;在道岔区段因故不能解锁时,办理故障解锁;在取消进路时,若发生不能关闭信号的情况,也可用来关闭信号。区段人工解锁按钮盘与控制台同处一室。

——继电器插在继电器组合(简称组合)中,组合安装在组合架上,组合架设在继电器室内。组合和组合架的数量取决于车站规模。

——电源屏是电气集中的供电装置,供给稳定、可靠、符合使用条件的各种交、直流电源。它可设在继电器室或电源室。

3)6502 电气集中的进路控制过程

6502 电气集中对列车进路或调车进路的控制过程可分为

进路建立和进路解锁两个阶段。

（1）进路建立

此过程包括 3 个步骤：

——进路选择。根据车站值班员的操作，从许多进路中选取一条要办理的进路。在选择过程中主要是将有关道岔转换到与进路相符的位置，但在转换之前必须通过轨道电路检查道岔区段是否有车、道岔是否在锁闭状态等。

——进路锁闭。当进路选取后，在确保进路在空闲状态，道岔位置正确以及敌对进路没有建立的条件下把与进路有关的道岔和敌对进路进行锁闭，使它们不能扳动和建立，称这种锁闭为进路锁闭。在建立进路的过程中，必须严格排查其他与本进路有冲突的敌对进路，并将它们锁在关闭状态。

——开放信号。在完成进路锁闭后，使防护进路的信号机开放，允许列车或调车车列驶入进路。

（2）进路解锁

进路解锁与进路锁闭相对应，当列车或调车车列确实越过了道岔区段时，应使该区段内的道岔及相关敌对进路解除锁闭。进路解锁又可分为自动解锁和非自动解锁等。当列车或调车车列驶过进路后，进路自动解锁属于正常解锁。进路解锁方式，根据各种不同情况还可以进一步细分。

6502 电路是继电逻辑电路，分为选择组电路和执行组电路两大部分。

选择组电路主要用来记录车站值班员按压按钮的动作，按要求自动选通所需进路，并将操作意图传给执行组电路。如进路上的道岔位置不对，则自动将其转换至所要求的位置。

执行组电路检查联锁关系，包括检查道岔位置正确、轨道电路区段空闲且锁闭、敌对进路未建立并被锁闭。待进路的所有联锁条件都得到满足，才能开放防护该进路的信号机。正常情况下，列车或调车车列驶过进路后，进路自动解锁，各种解锁条件的检查也通过执行组电路进行。

所有联锁条件都通过有关继电器接点来检查，即所有联锁功能都是通过继电电路实现的。

6502电气集中设置了模拟站场形状的控制台（图1.35），便于车站值班员操纵信号按钮，排列进路有利于掌握站内行车和调车作业情况。它还具有以下特点：

图1.35　电气集中联锁模拟站场形状的控制台

——电路组合化。以道岔、信号机和轨道电路区段为单元，设计成定型的单元电路，称作继电器组合，简称组合。将各种组合按站场形状拼装起来即构成组合式电路。组合式电气集中具有简化设计、工厂预制、加速施工、便于维修等优点。6502电气集中几乎是用定型组合拼成的，只需设计少量零散电路。

——采用双按钮选路方式。只需按压两个进路按钮（始端到终端），就能转换进路上的道岔、开放信号，而且无论进路中有多少组道岔均能一次转换，简化了操作手续，提高了效率。

——采用逐段解锁方式。把进路分成若干段，采用多次分段解锁的方式，即列车或调车车列出清一段解锁一段，提高了车站作业效率。

3. 计算机联锁要当"大管家"

1978年，瑞典首先在哥德堡车站将计算机联锁投入使用。

此后，日、美、英、法、德等国都相继研制了各自的计算机联锁系统。我国自 20 世纪 80 年代开始研制由微型计算机构成的计算机联锁系统，并且很快取得了成果。当时的铁道部通信信号公司研究设计处研制了适用于工矿企业铁路的计算机联锁系统，于 1984 年在南京梅山铁矿地下 200 米处的站场投入使用。

铁道科学研究院通信信号研究所研制的驼峰尾部计算机联锁系统，作为国家"七五"（1986—1990 年）攻关项目"郑州北编组站综合自动化"的子项目，于 1989 年末通过国家级鉴定，并在郑州北站上行场峰尾投入使用（图 1.36）。

图 1.36　计算机联锁并机使用的显示器

随着计算机技术、现代通信技术、安全技术和冗余技术的快速发展，20 世纪 90 年代，计算机联锁系统得到长足的进步和发展。到目前为止，已有铁道科学研究院通信信号研究所、北京全路通信信号研究设计院、卡斯柯信号公司和北京交通大学微联公司 4 家研制的计算机联锁系统，通过了铁道部认证并可以在全路推广使用。

1）计算机联锁的优势

计算机联锁是用微型计算机和其他电子元件、继电器（用于执行环节）等器件组成的具有故障-安全性能的实时控制系统。它利用计算机对车站值班员的操作命令和现场设备的表示信息进行逻辑运算，完成对信号机、道岔及进路的联锁和控制。计算机发出控制信息，现场发回表示信息。计算机联锁的彩色监视器代替继电集中联锁控制台的表示盘，还可根据需要多台并机使用（图1.37）。

图1.37 计算机联锁彩色监视器的屏幕显示

与继电集中联锁相比，计算机联锁有以下显著优点：

——功能完善。

继电集中联锁虽然经过不断改进和完善，但受到继电电路的限制，或由于电路过于复杂和费用昂贵等原因，在联锁功能方面仍存在不足。这些问题，在计算机联锁设备中，可以用少量的硬件投资和发挥软件的作用加以解决。

计算机工作速度快、信息容量大，所以计算机联锁很容易实现自动控制功能，还能安全地实现自动选路和存储进路等继电集中联锁无法完成的功能。运行图变更时，能自动选择最佳方案。计算机联锁不仅可以扩大控制范围，适用于任何规模的车站（尤其是大型枢纽及远离咽喉区的信号设备等），而且还可以利用计算机进行站内行车业务管理，以提高工作效率。计算机联锁用彩色监视器的屏幕显示代替了继电集中联锁的表示盘，大大缩小了体积，丰富了显示内容，简化了结构，方便使用。

计算机联锁为提高办理列车进路的自动化程度创造了条件。例如，可将接、发车计划（包括列车车次号、到发股道、到发时间以及车站出入口等）预先存在计算机中，利用车次号选择接车进路，利用列车接近车站的信息确定办理进路的时机；简化了操作手续、减少了有关行车人员的直接联系，因而减少和防止了操作失误，提高了作业效率。

在行车信息管理方面，计算机联锁设备可以向旅客服务系统（如广播、车次到发显示牌等）、列车运行监视系统以及行车指挥系统提供信息，例如列车到发时间、列车占用线路情况、列车所在股道以及信号设备状况等。由于这些系统已经计算机化，系统之间很容易结合。

计算机联锁还能很方便地进行自身管理，包括对操作人员的操作、设备工作情况的记录和打印，对电子器件、信号设备的检测、诊断并给出必要的表示和打印等。自动监测功能能及时发现故障，确定故障位置。

——方便设计、施工和维护。

计算机联锁使设计工作更加便捷。由于它采用积木式的模块化结构，容易实现标准化，进一步提高了工厂化施工的程度。电气集中联锁用硬件，即安全型继电器及其接点构成联锁关系，要更改联锁关系（如车站增设股道等）必须改动硬件和配线；而计算机联锁则是用计算机软件构成联锁关系，它将车站联锁的逻辑编成程序，无论站场如何变化，或遇到任何类型的站场，都不需要重新改变硬件系统，只要补充和改变软件中的程序，即可满足联锁的要求，便于站场变更。同时，它也易于实现故障检测和分析。

——降低工程造价。

继电集中联锁全部采用继电器，组合间配线复杂，特别是信号楼和现场设备之间所用的电缆很多。而计算机联锁采用计算机软、硬件技术，用它取代成千上万台继电器，其价格也日益低廉。计算机联锁的信息可串行传输，能大大减少干线电缆。计算机联锁室内设备的体积远小于继电集中联锁，因而可大大节省房屋面积，这些都降低了工程造价。此外，计算机联锁易于实现标准化，可缩短设计周期和施工周期，并可降低设计、施工、维护费用。由于施工、改建和故障修复时间的缩短，减少了对运输的干扰，其经济效益是显著的。

2）计算机联锁系统的结构

计算机联锁系统的硬件部分可分为人机会话层（也称为人机对话层）、联锁层和监控层。相应地由人机会话计算机、联锁计算机和控制器来承担各层的任务（图1.38）。

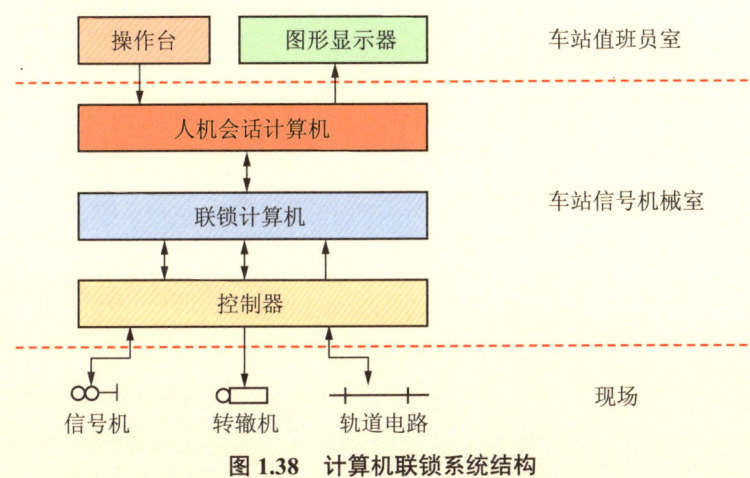

图1.38 计算机联锁系统结构

——人机会话计算机接收来自操作台的操作输入，判明能否构成有效的操作命令，并转换成约定的格式，输送给联锁计算机。另外，接收来自联锁计算机的表示信息，将它们转换成显示器或控制台能够接受的格式。

——联锁计算机接收来自人机会话计算机的操作命令以及室外监控对象的状态信息，进行联锁逻辑运算，包括选择进路、检查进路空闲、锁闭敌对进路等，然后发出控制道岔转换和开放信号的命令。

——控制器用来实现控制对象与室内联锁计算机之间的联系。它接收来自联锁计算机的控制码，经过变换形成控制命令以驱动相应的控制电路；它又接收监控对象的状态信息，经过编码再传送到联锁计算机。

与硬件系统对应，计算机联锁的软件分为人机会话处理、联锁逻辑处理、执行表示3个软件包。

至于室外设备，计算机联锁保留了电气集中所采用的现场设备。

3）计算机联锁的进路控制

大家都知道，计算机是通过执行程序来工作的。要让计算机控制车站的联锁，即对进路进行控制，也必须制定一个完整程序，以便计算机按部就班地执行。

计算机联锁程序所处理的内容是多方面的，但其核心部分是进路控制（图1.39）。

可以看出，计算机联锁的控制程序严格地规定了联锁的执行步骤和条件，保证了系统工作的有条不紊。当然，所有的联锁条件检查，还要通过联锁计算机进行各种逻辑运算，检查各种联锁条件是否具备。

其实，计算机联锁所要执行的联锁程序原则上同继电联锁是一样的，但它通过计算机软件来执行，比带有许多机械接点的继电器电路要快得多，而且无声无息地就完成了。

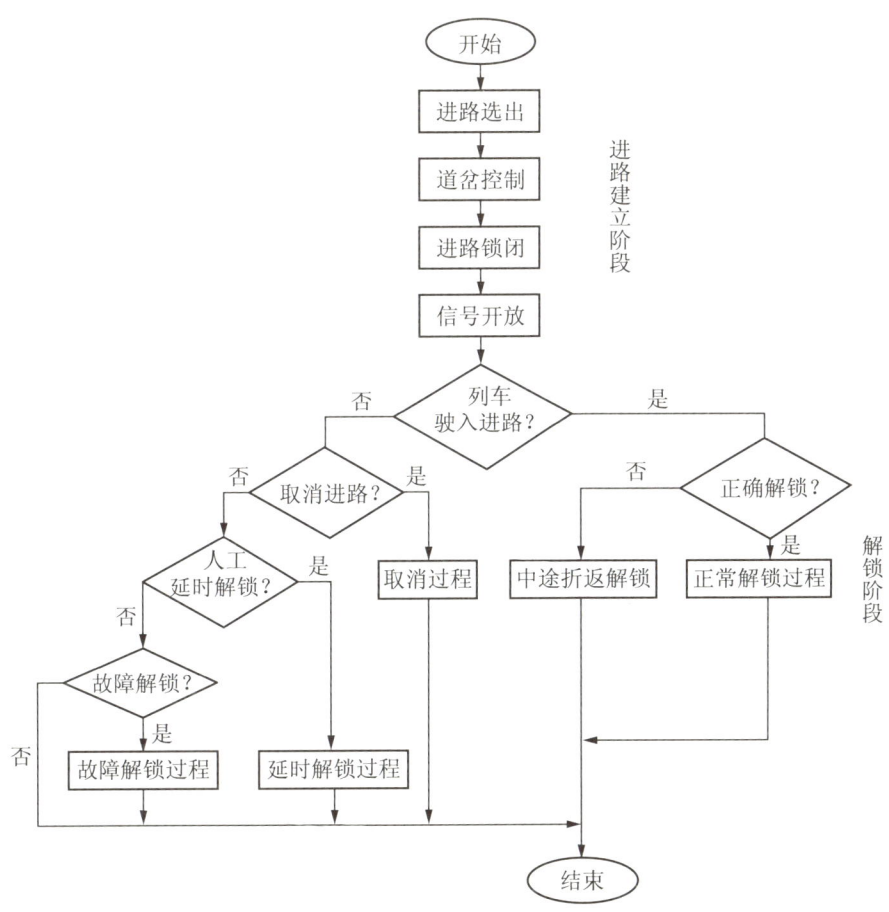

图1.39 计算机联锁进路控制程序框图

4）有备无患的冗余结构

为了提高系统的可靠性和安全性，计算机联锁大多采用了冗余结构。其冗余方式，分为双机热备系统、二乘二取二系统、三取二系统3类。

(1) 双机热备系统

这种系统由两台计算机组成，其中一个（模块A）执行联锁，作为主机；另一个（模块B）虽也带电工作，但只作为热备（即开机运行状态下备用），它也进行联锁运算，却无控制输出，备而不用（图1.40）。这种系统靠单机自我测试和监督，不够安全，而且存在双机切换的问题，切换失败将产生危险后果。因此，国外已不再发展，我国暂准在单线、支线、非提速区段使用。

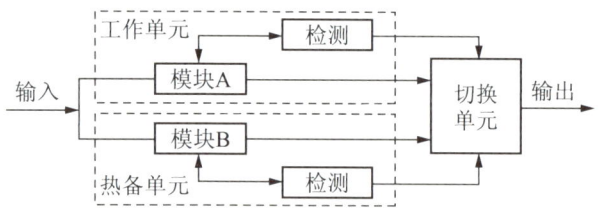

图 1.40　双机热备冗余结构

（2）二乘二取二系统

这种系统由 4 台计算机系统，两两一对，组成两个子系统Ⅰ和Ⅱ，每个子系统中有同样的两台计算机 A、B 工作，执行联锁任务（图 1.41）。其中一个子系统作为主机，负责输出控制指令；另一个子系统处于热备状态。子系统中两台计算机各执行一套编码相同的联锁程序，然后对它们的运算结果进行比较，如果一致就输出；如果不一致，就认为其中某台计算机出了故障，立刻停止该子系统的输出，切换到另一个子系统输出。此系统中每一个子系统类似于双机热备制式中的一个单机，可称是双份的双机热备，虽说多用了两台计算机，但保险

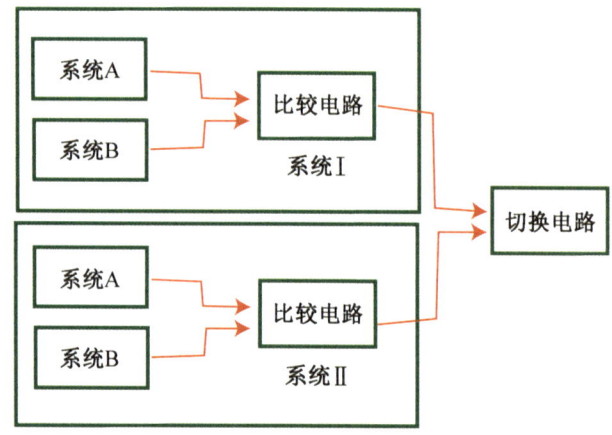

图 1.41　二乘二取二冗余结构

系数也加大了，更加安全可靠些。

（3）三取二系统

这种系统用 3 台计算机组成联锁机构，各台计算机中执行同样的联锁软件，输出时运用多数表决器判断，少数服从多数，只要任何 2 台计算机运算结果一致（包括 3 台均一致），则认为联锁机构工作正常。如果有 1 台计算机发生故障，其运算结果在表决器中就被屏蔽掉了，不会将其错误结果输出。如果 3 台计算机中 2 台同时发生故障，则必须满足故障—安全的要求，不允许输出导致危险的结果（图 1.42）。

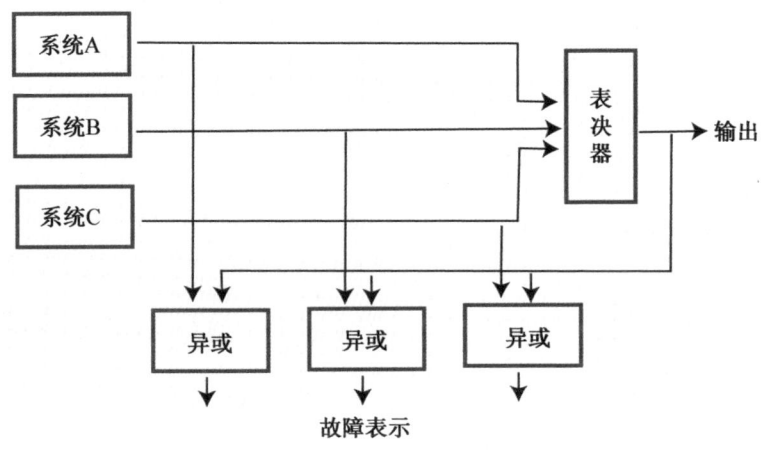

图 1.42　三取二冗余结构

另外，各计算机之间采用了两个并行的传输网进行通信，即双网通信。如果其中一个传输网中断或发生故障，另一个传输网仍能保证系统正常工作，提高了系统的可靠性。

第二章

高速铁路信号系统的发展历程

一、国外的高速列车运行控制系统

二、中国高速列车运行控制系统发展历程

三、中国高速列车运行控制系统

一、国外的高速列车运行控制系统

1. 日本高速列车运行控制系统

自 1964 年日本建成东京至大阪的全长 515.4 公里的首条高速铁路以来,三十多年来未发生任何死亡事故,这是与严格的管理及安全可靠的列车控制设备分不开的。随着科学技术不断发展,日本数字 ATC 系统从 1A、1B 发展到 1D、1G,最近又开发了基于无绝缘数字式轨道电路的数字 ATC 系统。

日本新干线 ATC 系统控制模式与法国 TVM300 系统相似,也是采用阶梯方式。所不同的是 TVM300 是采用人控优先的控制方式,即列车的运行速度一般由司机完成,只有在司机未按速度控制及时将列车速度降低时设备才起作用。而日本新干线 ATC 系统采用设备优先的控制模式,即列控车载设备根据从地面收到的速度控制命令,自动发出制动命令使列车减速,速度达到本区段的要求时自动发出命令使列车缓解。因此,它不需要设置保护区段,在线路通过能力上较 TVM300 系统有所提高。

新干线 ATC 系统控制模式示意图如图 2.1 所示。

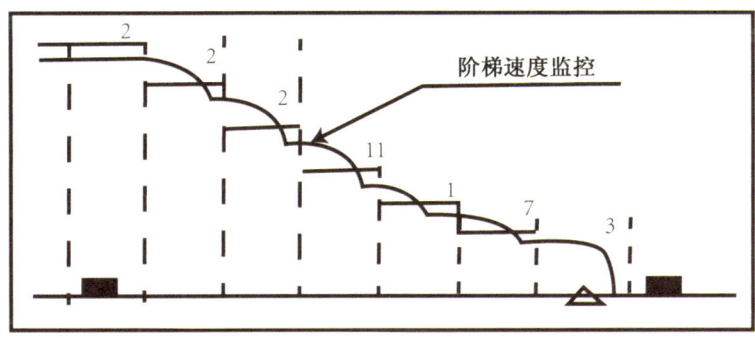

图 2.1 日本新干线 ATC 系统控制模式示意图

为解决既有 ATC 系统的缺点,20 世纪 90 年代初日本就开始进行数字 ATC 的研究。数字 ATC 系统也是采用安全性能高的轨道电路来检查列车占用，由地面向车上传送数字编码信息。传送的信息内容不是现有 ATC 系统所传送的速度信息（限制速度），而是传送至前方列车的距离。具体内容是：轨道电路编号，至前方列车所空闲的区间数，到站/出站股道、临时限速和其他信息。车载设备除了具有轨道编号和空闲区间数为计算距离前方列车距离所需要的数据外，车上还存储有限制曲线、道岔限速、线路坡度等线路数据。列车依据地面传来的轨道电路编号、空闲区间数等信息计算出与前方列车的距离，实施 ATC 一次制动控制。由于传送的距离为至前方列车的距离，因而车载设备能生成与各列车制动性能相适应的制动曲线，能够实施最佳控制，使列车在前方列车之后的闭塞分区内停车。

数字 ATC 系统的整体特点有：

（1）使用了具有实际使用业绩的轨道电路来检查列车占用，并由地面向车上传送信息；

（2）车载设备实现智能化，此外由于采用了一次制动控制方式，列车能够按照适合于各自制动性能的制动模式曲线实施最佳运行，能够缩短运行间隔时间和提高列车速度；

（3）能够方便地适应电动车组和机车牵引，高速列车与既有线列车混合运行。

数字 ATC 系统包括地面设备和车载设备两大部分。地面设备包括数字 ATC 轨道电路发送设备、接收设备等。车载设备包括车载 ATC 信号接收电路、速度检测、逻辑电路、车内信号显示器、制动控制设备及运行记录器等，如图 2.2 所示。数字信号接收器完成地面 ATC 信息和点式信息的接收和译码，它将给出列车的目标速度，因此采用了三重系，将处理结果三中选一送到速度指示表。列车速度是列车运行控制系统最基础的信息，采用了二重系。速度比较处理是列车运行安全保障的核心，采用三重系。当列车实际速度超过目标速度时，列车自动实施制动，当列车实际速度低于目标速度时，列车制动自动缓解。速度比较输出采用三取二逻辑控制制动装置。

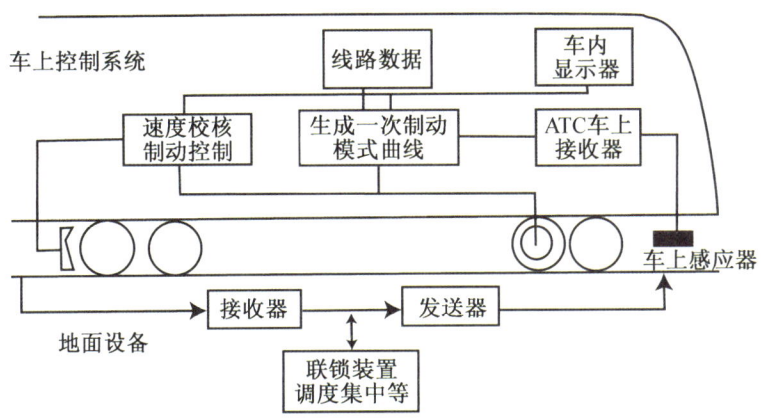

图 2.2 数字 ATC 系统的组成结构

2. 欧洲高速列车运行控制系统

在欧洲铁路网上，各个国家的铁路部门使用各自不同的信号制式管理列车的运营，列车运行控制系统（ATP/ATC）多达十余种，如 LZB 系列/FZB 系列、TVM 系列等，这些信号和控制系统互不兼容。因此，跨国境运营的列车要么穿过边境抵达另一个国家后停下来更换机车，要么根据运行线路的不同装备多种不同的控制系统（最多的有 6 种），当列车穿过边境抵达另一个国家后，切换相应的运行控制系统。当列车装备多种控制系统，由于每种控制系统价格昂贵，使得列车运营及维护费用上升，同时所遇到的繁多的信号技术使得穿越边界的操作非常低效。

为此，欧洲多家铁路运营公司希望建立国际标准化的列车自动控制（ATC）系统，解决欧洲各国铁路互联互通问题，进一步提高列车运行的安全性和高效性，降低运营成本、增强竞争优势。1989 年以来由欧盟委员会资助，安达（adtranz），阿尔卡特（alcatel），阿尔斯通（alstom），安萨尔多信号集团（ansaldo signal），英维思（invensys rail）和西门子（siemens）几大公司的专家参与，制订了欧洲铁路运输管理系统/欧洲列车控制系统（以下简称 ERTMS/ETCS，即 european railway traffic management system /europea train control system）需求规范，定义了系统框架和系列标准，并纳入国际铁路联盟（UIC）标准。在此基础上成功构建了以功能分级，具有欧洲特色的列车控制系统。

1）ERTMS 体系结构

ERTMS 是以欧洲铁路运输管理（以下简称 ETML，即 european traffic management layer）为运输指挥基础，以 ETCS 为安全核心，以服务于铁路的全球无线移动通信系统（以下简称 GSM-R，即 global system mobile devoted to railway）为传输平台的铁路运输管理系统。ERTMS 的组成如图 2.3 所示。

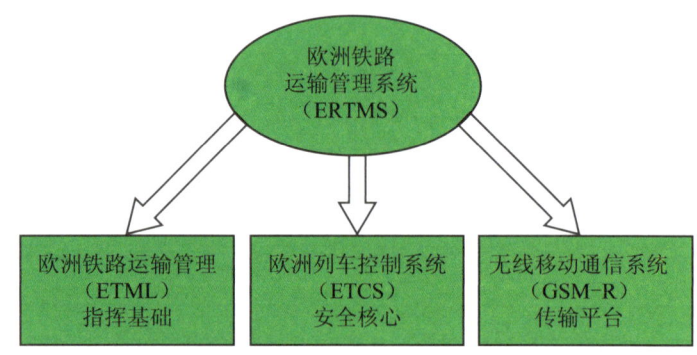

图 2.3　ERTMS 的组成

2）ETCS 系统

（1）ETCS 的构成

ETCS 首先是一系列具有可操作性的技术文件、标准、规范和概念的集合，同时也是涉及一系列信号安全系统的列车控制系统。ETCS 系统主要由地面子系统和车载子系统两大部分构成，如图 2.4 所示。

● 地面子系统主要包括：

① 欧洲应答器（eurobalise）；

② 轨旁电子单元（LEU）；

③ 无线通信网络（GSM-R）；

④ 无线闭塞中心（RBC）；

⑤ 欧洲环线（euroloop）；

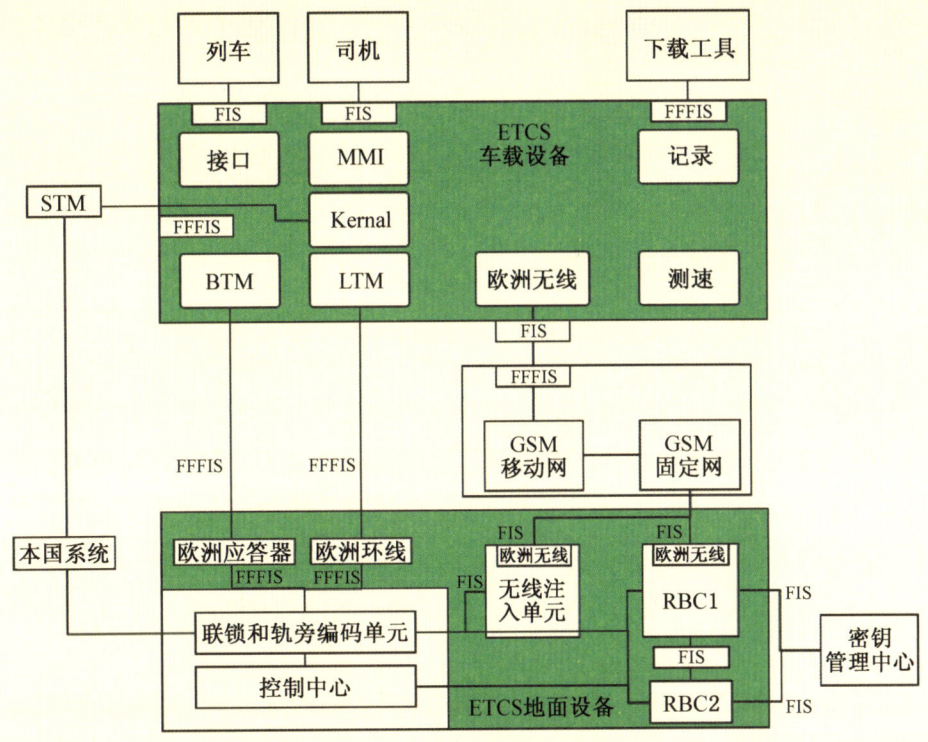

图 2.4　ETCS 的框架结构

⑥ 无线注入单元（radio in fill unit）。

● 车载子系统主要包括：

① ERTMS/ETCS 车载设备；

② 铁路无线移动通信系统（GSM-R）；

③ 专用传输模块（STM，即 specific trans-mission modules）。

（2）ETCS 的分级

ETCS 的最大特色之一是根据功能需求和运用条件配置系统。用一个系统以分级的概念实现原本多个系统共同为一个目标而完成的工作。ETCS 从运用角度分为 5 级（0～3 级、0+级）。

● 0 级：ETCS 车载设备 + 传统列控系统

0 级主要是为了保证装配 ETCS 车载设备的列车，能在没有 ETCS 地面设备的线路，或尚不具备 ETCS 运营条件的线路

图 2.5 ERTMS/ETCS 0 级的应用

上运行,即由地面信号系统完成列车占用检测和完整性监督。ETCS 车载设备只显示列车速度,并只监督列车最大设计速度和线路最大允许速度。车载设备不提供机车信号功能,司机凭地面信号行车。除列车速度外,其他监督信息将不在列车的人机界面上显示。为实现制式转换或级间转换,在地面特定点(如制式分界点)必须增加应答器,车载设备接收应答器转换信息并完成转换功能。如图 2.5 所示。

● 0+ 级(STM)

0+ 级主要是为了保证装配 ETCS 车载设备的列车,在既有线运行时能够提供通用机车信号功能。在该级中,既有地面信号系统完成列车占用检测和列车完整性监督,并根据既有地面信号系统功能决定是否需要地面信号机。地-车信息传输采用既有方式,与 0 级不同的只是车载增加了 STM,机车信号显示视国情而定。可以认为 0+ 级是一个过渡级。应当注意到,尽管 0+ 级可以通过采用 STM 专用传输模块实现不同制式信息的兼容接收,但仍需要采用不同的接收天线。在 0 级和 0+ 级,列车控制以人为主,行车安全不由 ETCS 保证。见图 2.6。

图 2.6 ERTMS/ETCS 0+ 级(STM)的应用

- 1级：地面信号＋查询应答器＋轨道电路

装备了 ERTMS/ETCS 的列车，在装备有点式传输设备欧洲应答器（eurobalise）的线路上运行，地面向列车传输的信息完全依靠欧洲应答器，轨道电路只完成轨道区段的空闲/占用检查和列车的完整性检查。该系统是典型的点式 ATP。见图 2.7。为了增加信息传输的覆盖范围，线路上可以安装欧洲环线（euroloop）或者无线注入单元。因此 ERTMS/ETCS 等

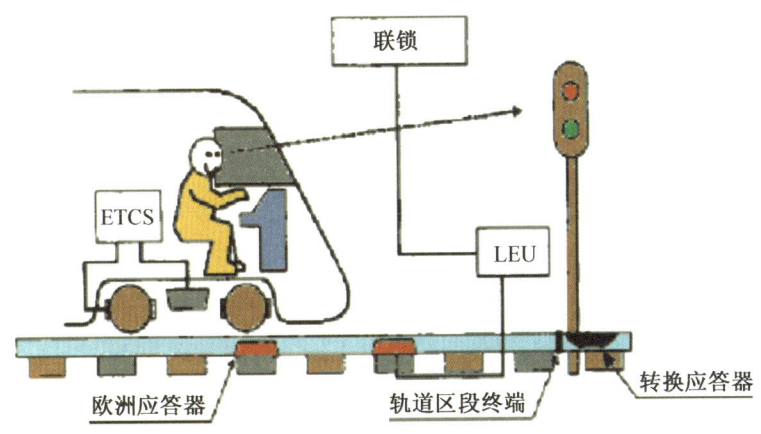

a 无注入功能

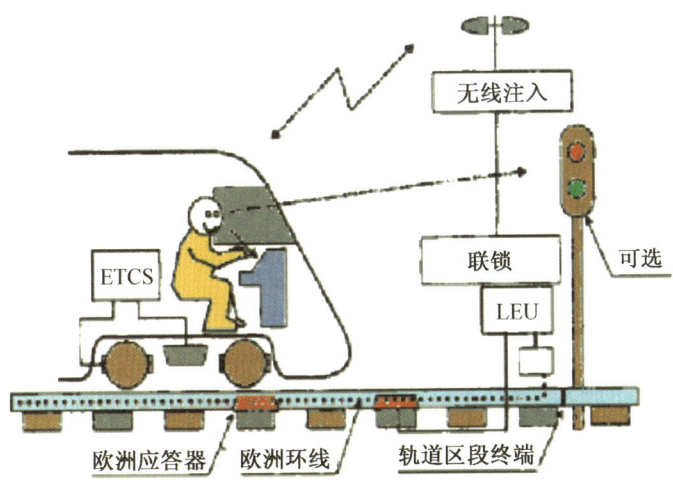

b 具有环线或无线注入功能

图 2.7　ERTMS/ETCS 1 级的应用

级 1 分成带注入信息和不带注入信息两种类型。

- 2 级：轨道电路＋查询应答器＋GSM-R

司机完全依靠车载信号设备行车（可取消地面信号机）；通过 GSM-R 连续传送列车运行控制命令，车-地间可双向通信；在点式设备的配合下，车载设备对列车运行速度进行连续监控；依靠轨道电路或计轴设备检查列车占用和完整性；建有无线闭塞中心。该系统是基于移动通信的连续式 ATP。见图 2.8。

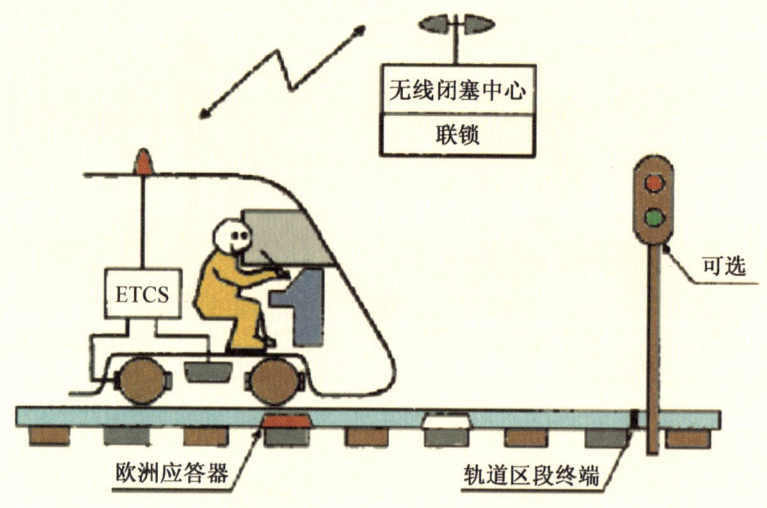

图 2.8　ERTMS/ETCS 2 级的应用

- 3 级：查询应答器＋GSM-R

取消了传统的地面信号系统，列车定位和列车完整性检查由地面无线闭塞中心 RBC 和列车完整性验证系统共同完成。点式设备、GSM-R 是系统的主要设备。取消地面信号机和轨道电路后，室外线路上的信号设备减少到最低程度；列车追踪间隔依靠点式设备和无线闭塞中心实现，具有明显的移动自动闭塞特征。见图 2.9。

基于上述原因，这就产生了研制通用信号系统和新型列车控制系统的要求。这种通用信号系统应能满足：

① 跨国境运营的列车不受限制地穿越边界，提高列车运

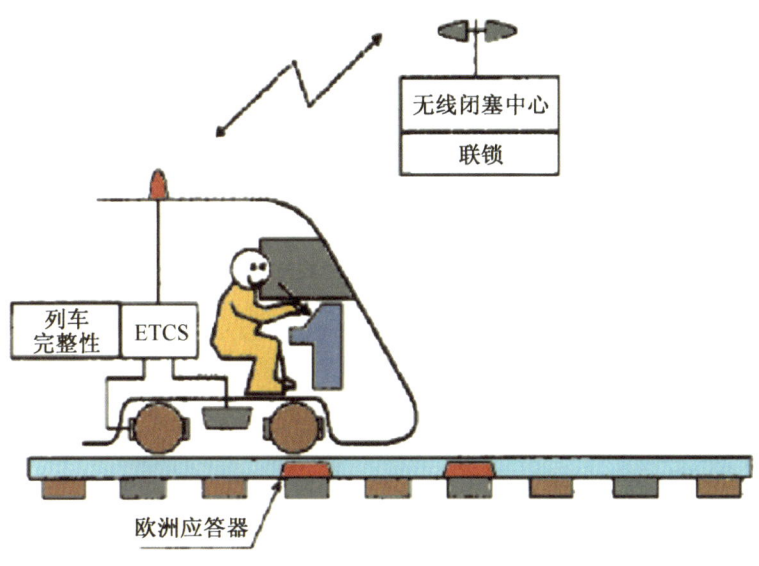

图 2.9　ERTMS/ETCS 3 级的应用

行效率；

② 信号和列车控制系统界面标准化，尽可能减少不同国家的特殊要求；

③ 通过鼓励对设备的开放市场来产生商业吸引力，从而降低设备的成本。

欧洲铁路运输管理系统（ERTMS）是欧洲铁路和欧洲信号工业在欧洲委员会的财政支持和国际铁路联盟（UIC）的支持下，经过大约 10 年的工作得到的结果。其目的是为了改善信号制式互不兼容的状况，在全欧洲范围内创立一个既可以兼容现有信号体制，又可以在各国统一推广使用的铁路信号标准，保证各国的列车在欧洲铁路网内的互通运营，提高运输效率。为实现欧洲铁路互联互通，欧盟组织确定了适用于高速铁路列控的标准体系，技术平台开放；基于 GSM-R 无线传输方式的 ETCS2 系统，技术先进，并已投入商业运营；欧洲正在建设和规划的高速铁路均采用 ETCS 列控系统，是欧洲未来高速列车控制系统的发展方向。

二、中国高速列车运行控制系统发展历程

1. 探索之旅

列控系统技术创新是铁路信号行业坚持不懈的追求。中国的列控系统是沿着自动停车、列车速度监督、超速防护、列车运行控制系统的思路发展的,是从点式、点连式、接近式到连续式,从固定闭塞到准移动闭塞,从分级速度控制到一次模式曲线连续控制,从点式、轨道电路到无线传输……经历了多次的研发、试验和引进,在中国铁路信号工作者的集体努力下,才有了今天中国列控系统的创新成果。

1)中国铁路列控系统早期的探索

早期的列控系统是从列车速度监督开始的。1985年在双频点式机车信号的基础上研究了点式列车速度监督设备,在胶济、黔桂、兰新线试验过;1987年在三显示自动闭塞基础上研究了阶梯式列车速度监督设备,在山海关试验过;1988年在交流计数机车信号基础上研究了列车运行记录装置,在马角坝试验过。

1993年铁道部从瑞典ABB公司引进EBICAB-900型列车超速防护系统,1995年在川黔线试验成功,此时已将应答器与连续式机车信号结合,构成点连式列车超速防护系统。

早期的列控系统之所以不成功,其主要原因有以下二点:其一,早期的列控系统基于机车信号,由于安全性和可靠性不理想,当时的机车信号始终未能成为主体信号,基础不牢靠,列控系统也不可能稳定;其二,由于机车信号只有少量信息,早期的列控系统只能采用固定闭塞方式,机车信号不稳定时,就导致闪白灯或制动,司机不满意。

2)既有普速线提速探索CTCS-2级列车运行控制技术

1994年竣工的广深准高速铁路,采用了引进的UM71/TVM300系统,属于阶梯式的列车超速防护系统,当时称其为

四显示自动闭塞，这是针对地面信号而言，实际上机车信号是按多信息自动闭塞设计的。除正常的绿、绿黄、黄、红四显示外，机车信号还有绿1、绿2、绿3之分，这就为以后速度从160公里/小时提高到200公里/小时创造了条件。

铁科院自主开发的列车运行控制系统ZLSK和LSK系统也在广深线投入运营。1995年6月铁道部决定在既有干线"提速"。"九五"期间，铁路实现了3次较大范围的提速，"十五"期间进行了第4、第5两次提速，2007年4月18日铁路实施了第6次大提速。

铁路提速需要技术支撑，涉及多工种多专业，也对铁路信号技术提出了更高的要求。第1次提速，冲击了铁路信号的传统概念，快速客车冲破了120公里/小时的界线，推动铁路信号向速差式信号显示和四显示自动闭塞发展，加速了机车信号主体化的进程。

第2次提速，速度达到160公里/小时，形成了一个标准速度等级，是铁路信号的一个重要里程碑。列车最高速度超过160公里/小时的铁路区段，必须采用列车运行控制系统，以车载信号显示为主，实现列车超速防护。

第6次提速，速度达到了200公里/小时，中国铁路列车运行控制系统CTCS-2开始亮相。这对铁路信号来说是一个重要的里程碑，它标志着铁路信号重要装备水平开始进入了世界先进行列。

通过提速，铁路信号基础水平获得较大提升：全路进行ZPW-2000四显示自动闭塞改造；全路统一机车信号低频信息码；全路建成铁路调度指挥系统（TDCS）。

列车速度达160公里/小时及以上时，以车载信号显示为主，列车运行控制系统采用目标距离连续速度控制方式。

3）高速铁路信号的前期研究

1990年在"四部一委"组织的"京沪高速铁路前期研究"中明确提出：随着列车速度的提高，采用以地面信号机为主的

自动闭塞已经不能满足高速列车运行安全，应以车载速度信号作为行车凭证。

1991年北京全路通信信号研究设计院有限公司（以下简称"通号院"）开始参加京沪高速铁路的通信信号、综合调度及信息化的前期研究和设计。1992年完成《京沪高速铁路信号专题可行性报告》，1993年深化了可行性报告。1995年前有3家研究单位分别做了大量分析研究工作，各自提出了总体方案报告，未能形成统一文件。

1995年高速公路建设协调办公室成立，年底主持了方案论证会，会议建议由通号院牵头三单位并统一了对京沪高速铁路列控系统的意见：采用基于数字编码轨道电路传输、一次制动模式的列控系统，首次提出中国铁路列车运行控制系统CTCS的概念。

1996年完成了《京沪高速铁路预可行性研究报告》（征求意见稿）。1997年完成《京沪高速铁路初步设计》。从1991—2003年国家级及部级科研项目中涉及通信信号的项目达百多项，通号院开展的国家级及部级科研项目就达60多项。

1997年通号院与法国电气设备和信号公司（CSEE）公司就TVM430系统能否实现一次制动模式进行了合作研究，结论基本可行，但受信息量不足的影响，只能实现简单的一次模式。1998年，中国铁道科学研究院与日本合作，将日本提供的数字ATC在环行道上试验，结论可行，但采用自然衰耗方式的无绝缘轨道电路，模糊区较长（日本实际使用的仍是有绝缘数字编码方式）。

2000年，秦沈客运专线开工建设，为高速客运专线列控系统的建设积累了宝贵经验。前铁道部慎重决策，选定了以SEI/TVM430系统为核心的信号综合系统方案，2003年10月完成系统调试开通。根据中国列控系统发展进度，前铁道部基于国际标准，吸纳国际技术发展成果，可以免受个别国外公司制约等理念，组织编制中国铁路列车运行控制系统（CTCS）规范与标准。

CTCS 的形成是经过部内多次论证、试验验证逐步形成的，是根据中国既有设备状况、技术政策，参照欧洲 ETCS 的有关标准、思路提出的。2002 年 12 月，在中国召开的 UIC 国际大会上，前铁道部向世界宣布了发展中国列车运行控制系统（CTCS）的规划，明确：CTCS-2 级为既有 200 公里/小时以下的线路采用的列控模式；CTCS-3 级为基于 GSM-R 的超防系统设备主要用于高速铁路。它的发布对中国铁路信号技术的发展起着重要的作用。

2. 发展之路

2003 年 7 月京沪高速预审前，出于对数字编码轨道电路垄断性的担忧，列控主方案转向 CTCS-3 级（相当于 ETCS 2 级）方案。前铁道部决定采用基于 GSM-R 的无线列控系统，否定了基于数字轨道电路列控系统的技术方案。

又考虑到当时基于无线的高速列控系统还没有开通应用的先例，于是提出了 CTCS-2 级作为兼用和备用的设计方案，即所谓 CTCS-3+CTCS-2 的双标设计方案。据此完成了《京沪高速铁路工程通信信号、综合调度及信息化可行性研究》，确定了京沪高速的列控系统设计方案：列车运行控制系统采用 CTCS-3+CTCS-2 双重系统，高速动车组高速线正常情况下采用基于无线传输的 CTCS-3（ETCS2）列控系统，下高速线和后备模式采用 CTCS-2 列控系统；跨线动车组上高速线运行时采用 CTCS-2 列控系统。

2004 年客运专线设计全面启动，设计方案延续京沪高铁的思路按 CTCS-2+ETCS-2 考虑。基于轨道电路和点式设备构成的列控系统是成熟技术的组合，但没有应用先例，在 2004 年初，前铁道部决定在铁科院环行线进行 CTCS-2 和 ETCS-2 的相关试验。主要试验工程内容：CTCS-2 级列控系统的主要功能和可用性试验；GSM-R 作为列控系统传输平台

的主要功能及适用性、可靠性试验；ETCS-2级列控系统的主要功能和可用性试验；ETCS-2级与CTCS-2级兼容试验。

2005年初，既有线CTCS-2车载设备招标，以市场换技术，通过引进并进行技术消化，国内掌握了其关键技术，完成了自主的集成创新。

CTCS-2系统大规模应用于第6次提速工程（200公里/小时），包括京广线、京沪线等。至今CTCS-2系统已经成熟并成为我国铁路主要的列控系统之一。

2009年结合武广350公里/小时高速铁路的建设，贯彻引进、消化、创新、研究的技术路线，终于形成了具有自主知识产权的CTCS-3级中国列车运行控制系统。CTCS-3级列控系统直接融合了CTCS-2级，功能相当于ETCS2+CTCS-2。

中国铁路拥有高端的CTCS-3级列车运行控制系统，铁路信号重要装备水平开始迈入世界先进行列。但在CTCS-3实施过程中有很多研究和创新的艰难历程。

3. 创新之程

20世纪90年代以来，世界上许多国家研制开发了具有本国特色的列控系统。在技术上比较有代表性的且已投入使用的列控系统主要有：德国的LZB系统，法国的TVM300和TVM430系统，日本新干线的ATC系统，以及我国使用的CTCS-3级列控系统，这些系统的共同特点是：可以实现自动连续监督列车运行速度，可靠地防止人为错误操作所造成的恶性事故的发生，保证列车的高速安全运行。

我国高速铁路列控系统的发展从既有线大提速到武广高铁线CTCS-3主用系统，从CTCS-2作为后备系统的试验到沪宁城际线的列控系统的完善，再到世界上一次建设里程最长、投资最大、标准最高的高速铁路——京沪高速铁路，我国列控系统的发展充满了艰辛和曲折。

CTCS-2级列控系统在提速铁路上已成功运用，武广高铁和沪宁城际以CTCS-3作为主用系统代表了技术方向；

CTCS-2 作为兼用和备用系统是确保工程成功的法宝，既成功解决了与既有提速铁路动车组互联互通的难题，达到兼用的目的，又能作为 CTCS-3 的降级备用系统，也能防备万一 CTCS-3 不能同时开通的风险。通过武广高铁工程，一是建立了具有自主知识产权的 CTCS 列控技术平台；二是创建具有自主知识产权的 CTCS 标准体系；三是实现 CTCS-3 级列控系统关键技术的国产化和集成创新。

京沪高铁成功开通运营，创新了多制式列控系统兼容技术、基于 GSM-R 车地双向通信集成技术，实现了路网互联互通；提出了适应高速切换的无线网络优化方法、动态仿真测试方法，攻克了高速列车动态控制曲线模型、多条并线铁路无线冗余覆盖等关键技术难关，创新了列控系统高安全性设计、高复杂性系统集成、高可信性仿真测试、高可靠性装备制造、高适用性工程化实施等技术，建立了完整的 CTCS-3 级列控系统技术标准体系。

短短十几年时间，我国研制了时速 350 公里的高速铁路 CTCS-3 级列控系统核心装备，研制了适应高速并兼容 CTCS-2 级功能的 CTCS-3 级车载、适应复杂枢纽的无线闭塞中心、支持多点多等级设置的临时限速服务器等核心设备，实现了中国列控系统设备产业化；研制了无线通信监测设备，破解了车地无线通信抗干扰难题；研发了列控仿真测试平台，实现了"全线、全景、全速"高逼真、大规模实时仿真测试。中国高速铁路列控系统的发展历史就是一部充满着探索、集成、创新的创业史，是我国高速铁路全面发展的一个缩影。

三、中国高速列车运行控制系统

中国高速铁路采用中国列车运行控制系统（CTCS，即 chinese train control system）。根据线路条件、列车特性、运行速度等运输需求，CTCS 共分为 CTCS-0、CTCS-1、CTCS-

2、CTCS-3、CTCS-4共5个等级。CTCS-2级列控系统是采用轨道电路和点式应答器传输列车运行许可信息，并采用目标距离模式监控列车安全运行的列车运行控制系统。CTCS-3级列车运行控制系统是我国时速300～350公里/小时高速铁路的重要技术装备，是我国铁路技术体系和装备现代化的重要组成部分，是保证高速列车运行安全、可靠、高效的核心技术之一。CTCS-3级列控系统是基于GSM-R无线通信实现车-地信息传输、无线闭塞中心（RBC）生成行车许可，应答器设备提供列车测距修正定位基准信息、轨道电路检查轨道占用及列车完整性的列车运行控制系统。系统采用先进的技术手段对高速运行下的列车进行速度、运行间隔等实时监控和超速防护，以目标距离连续速度控制模式、设备制动优先的方式监控列车安全运行，并可满足列车跨线运营的要求。CTCS-3级列控系统包括地面设备和车载设备。地面设备由车站联锁系统、无线闭塞中心（RBC）、临时限速服务器（TSRS）、列控中心（TCC）、ZPW-2000系列轨道电路、应答器（含LEU）、GSM-R通信接口设备等组成；车载设备由车载安全计算机（EVC）、GSM-R无线通信单元（RTU）、轨道电路信息接收单元（TCR）、应答器信息接收模块（BTM）、记录单元（JRU/DRU）、人机界面（DMI）、列车接口单元（TIU）等组成。具体结构示意图如图2.10所示。

计算机联锁系统（CBI）：联锁系统是一种完成信号机、轨道电路及道岔间相互制约关系的控制系统。通俗讲就是完成排列进路、锁闭进路、开放信号、解锁进路等任务。车站联锁与RBC设备接口，向其提供进路状态信息、紧急状态消息、紧急停车区以及限速消息等，接收传来的行车许可状态、列车相关状态等消息。车站联锁与车站TCC系统接口，向其提供接车进路状态信息，接收传来的列车占用轨道信息、临时限速信号降级显示命令并予以执行；车站联锁通过安全局域网连接实现车站联锁与TCC之间的安全信息传输；车站联锁与CTC

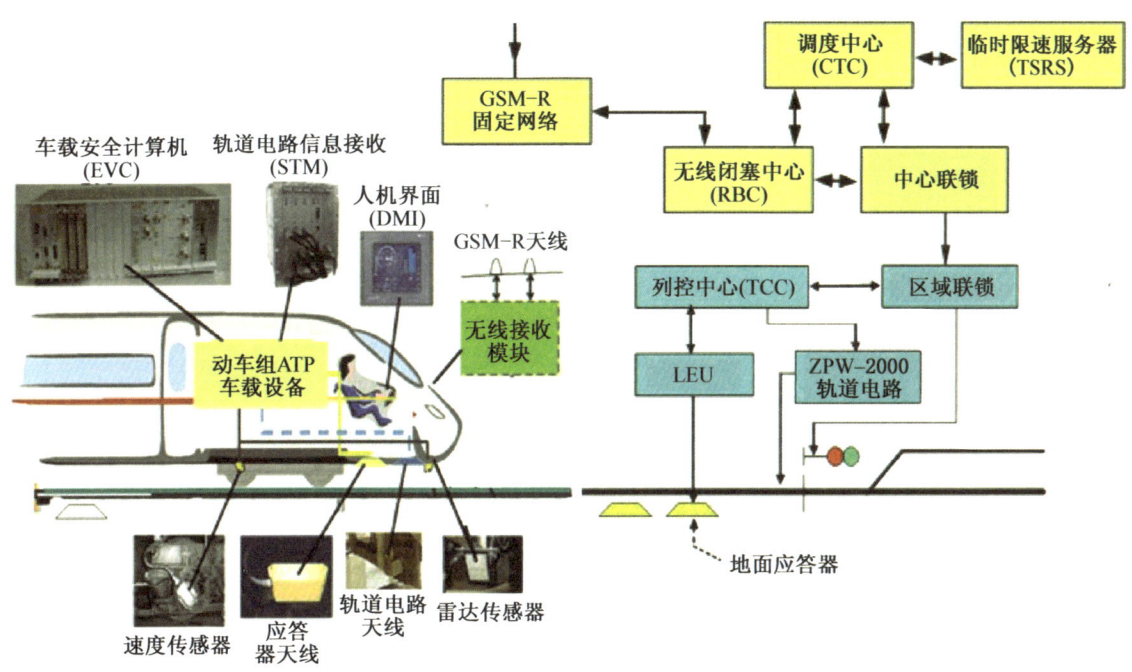

图 2.10 CTCS-3 级列控系统示意图

系统接口,向其提供车站状态和表示信息,接收 CTC 传来的操作和控制命令并予以执行。

无线闭塞中心(RBC):无线闭塞中心(RBC)是 CTCS-3 级列控系统的核心,是基于信号故障安全计算机的控制系统,由无线闭塞单元(RBU)、协议适配器(VIA)、RBC 维护终端、司法记录器(JRU)、ISDN 服务器、操作控制终端和交换机等设备组成。负责根据线路特性(如坡度、线路固定限速)、运输条件(列车间隔)和其他系统的情况(如轨道占用信息、联锁进路状态等)生成行车许可(MA),并通过 GSM-R 无线通信系统将线路参数、临时限速传输给 CTCS-3 级车载设备;同时通过 GSM-R 无线通信系统接收车载设备发送的位置和列车数据等信息,保证其管辖范围内列车的运行安全。

临时限速服务器(TSRS):临时限速服务器子系统包括服务器主机、操作终端和维护终端。临时限速服务器采用二乘二取二安全冗余结构,临时限速操作终端采用冗余结构。临时限速服务器集中管理客运专线临时限速命令，临时限速命令的设置与取消均采用双重口令，经行车调度员确认下达后立即执行。临时限速服务器分别向 TCC、RBC 传递临时限速命令，TCC 将临时限速信息经 LEU 传输至有源应答器；RBC 将临时限速信息经 GSM-R 传输至车载设备。

列控中心（TCC）：TCC 是 CTCS-2 级列控系统地面子系统的核心部分，TCC 采用二乘二取二安全计算机平台，具有技术成熟、可靠性高等特点。TCC 之间通过安全局域网进行连接，实现 TCC 之间、与车站联锁之间的安全信息传输。根据轨道区段占用信息、联锁进路信息、线路限速信息等产生列车行车许可命令，并通过轨道电路和有源应答器，传输给车载子系统，保证其管辖内的所有列车的运行安全。列控中心（TCC）接收轨道电路的信息，并通过联锁系统传送给 RBC；同时，列控中心（TCC）具有轨道电路编码、应答器报文实时编码、站间安全信息传输、临时限速功能，满足后备系统的需要。地面列控中心接收轨道电路占用信息并通过联锁传送给无线闭塞中心（RBC）；在 CTCS-2 级运用时，具有轨道电路编码、应答器报文储存和调用功能，根据轨道电路、进路状态及临时限速等信息产生 CTCS-2 行车许可，通过轨道电路及有源应答器将行车许可传送给 CTCS-2 列车。

轨道电路：高速铁路正线、股道和区间采用计算机编码控制的 ZPW-2000A 型无绝缘移频轨道电路，区间闭塞分区一般按不大于 2 000 米设置，ZPW-2000A 型无绝缘移频轨道电路发送器采用 1+1 冗余方式，接收器采用双机并用方式。既有线维持既有 ZPW-2000A 型无绝缘移频轨道电路标准；站内其他区段采用 97 型 25 赫兹相敏轨道电路。轨道电路实现列车占用及完整性检查，在 CTCS-2 级运用时连续向具有 CTCS-2 级功能的列车传送空闲闭塞分区数量等信息。

地面应答器：地面应答器发送线路参数、临时限速、等级转换、RBC 切换等信息，用于识别列车运行方向、发车进路始端等。应答器组应至少包含两个应答器，应答器传输的信息与无线传输的信息的相关内容含义保持一致。地面应答器设置同时满足C3/C2级系统的需求，并集成C3级和C2级报文。

信号传输网络：信号传输网络采用以太网的形式组网，实现无线闭塞中心（RBC）、调度集中（CTC）、车站联锁、列控中心（TCC）、信号集中监测系统间的信息传输。

列控车载设备：列控车载设备由司机驾驶台上人机界面（DMI）、ALA主机柜、安全计算机EVC、测速测距功能模块TMM、无线电网络接口模块RIM、CTCS2级控制功能模块、轨道电路信息接收模块TCR、司法记录仪JRU、无线子系统模块RSS、应答器传输模块BTM、速度传感器、BTM天线、轨道电路信息接收天线、GSM-R天线等组成。列控车载设备根据地面设备提供的信号动态信息、线路静态参数、临时限速信息及有关动车组数据，生成控制速度和目标距离的一次模式曲线控制列车运行，为司机提供机车信号与行车监督服务。同时，记录单元对ATP有关数据及操作状态信息进行实时动态记录。车载安全计算机监控列车安全运行。

GSM-R无线通信网络（属通信设备）：GSM-R采用单网交织的冗余覆盖方案。由移动交换中心（MSC）、基站控制器（BSC）、基站（BTS）、光传输设备（OTE）、移动终端（MT）、码型转换和速率适配单元（TRAU）等组成。完成车-地之间的信息双向传输。

中国高速铁路列车控制系统在引进、消化、吸收再创新的基础上，通过既有普速线提速掌握了满足时速250公里的CTCS-2级列车运行控制技术；研发了具有世界先进水平的满足时速350公里及以上的CTCS-3级列车运行控制系统。中国高速铁路不仅在关键技术领域取得一系列重大创新成果，还建立了具有自主知识产权、世界一流水平的中国高铁信号与控制技术体系。中国高速铁路虽然起步较晚，但却用5年的时间，走完了发达国家用40年走完的高铁发展道路。中国立足自主

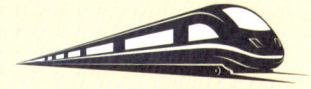

创新,走出了一条具有中国特色的铁路自主创新之路,已经由"追赶者"一跃成为世界高铁的"领跑者"。中国高速铁路实现了高起点、高水平、高速度和大规模的建设运营,傲然挺立在世界高速铁路的前列,中国高速铁路总体发展水平已经处于世界领先地位。据统计,中国已成为世界上高速铁路运营里程最长、运行速度最快、在建规模最大的国家。

第三章

中国高速列车运行控制系统原理和组成

一、列车运行控制系统的组成和结构

二、CTCS-2 级列控系统地面设备

三、CTCS-3 级列控系统地面设备

四、分散自律调度集中系统（CTC）

五、计算机联锁（CBI）

六、检测监控设备基本组成和基本原理——运维

一、列车运行控制系统的组成和结构

为了适应铁路跨越式发展战略，2003年10月，前铁道部制定了《中国列车控制系统（CTCS）技术规范总则（暂行）》和相应CTCS技术条件。CTCS列控系统的CTCS是chinese train control system的缩写，CTCS技术规范是参照欧洲列车运行控制系统（简称ETCS）编制的。它以分级的形式满足不同线路运输需求，在不干扰机车乘务员正常驾驶的前提下有效地保证列车运行的安全。

1）CTCS列控系统的系统构成

如图3.1所示，CTCS系统由地面子系统和车载子系统组成。

（1）地面子系统可由以下部分组成：应答器、轨道电路、无线通信网络（GSM-R）、无线闭塞中心（RBC）/列车控制中心（TCC）。

应答器是向车载子系统发送报文信息的传输设备，既可以传送固定信息，也可连接轨旁单元传送可变信息。

轨道电路具有轨道占用检查，沿轨道连续传送地车信息功能。

无线通信网络（GSM-R）是用于车载子系统和列控中心进行双向信息传输的车-地通信系统。

无线闭塞中心（RBC）是基于故障安全计算机平台的信号控制系统，属于CTCS-3级列控系统的地面核心设备。RBC根据所控制列车的状态，其控制范围内的轨道占用、列车进路状态、临时限速命令、灾害防护和线路参数等信息，产生针对所控列车的移动授权（MA）信息，并通过GSM-R无线通信系统传输给车载子系统，保证其管辖范围内列车的运行安全。

列车控制中心（TCC）基于安全计算机的控制系统，它根

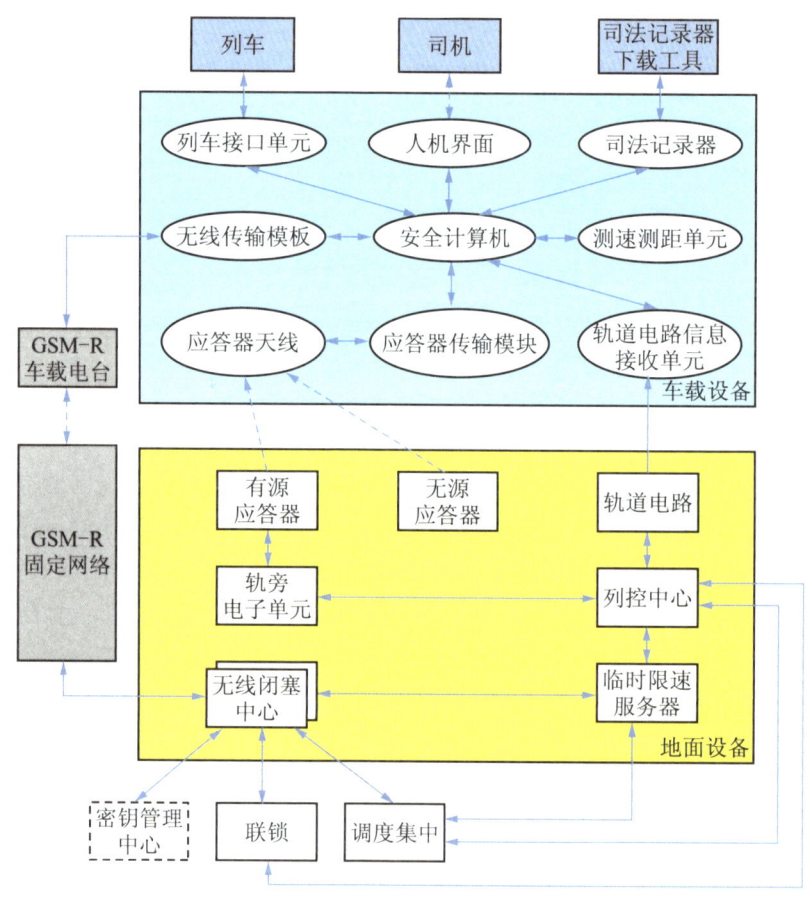

图 3.1 CTCS 列控系统构成图

据地面子系统或来自外部地面系统的信息，如轨道占用信息、联锁状态等产生列车行车许可命令，并通过车-地信息传输系统传输给车载子系统，保证列车控制中心管辖范围内列车的运行安全。

（2）车载子系统可由以下部分组成：CTCS 车载设备、无线系统车载模块。

➢ CTCS 车载设备是基于安全计算机的控制系统，通过与地面子系统交换信息来控制列车运行。

➢ 无线系统车载模块用于车载子系统和无线闭塞中心进行双向信息交换。

2）CTCS 基本功能

（1）系统按照故障-安全原则，在任何情况下防止列车无行车许可运行。

（2）防止列车超速运行，包括列车超过进路允许速度、线路结构规定的速度、机车车辆构造速度、临时限速和紧急限速、铁路有关运行设备的限速；能够以字符、数字及图形等方式显示列车运行速度、允许速度、目标速度和目标距离；能够实时给出列车超速、制动、允许缓解等表示以及设备故障状态的报警。

（3）防止列车溜逸。

3）CTCS 应用等级

针对中国铁路不同的线路、不同的传输信息方式和闭塞技术，CTCS 划分为 5 个等级，依次为 CTCS-0 ～ CTCS-4 级，以满足不同线路速度需求。

CTCS-0 级为既有线的现状，即由目前使用的通用式机车信号和运行监控记录装置构成。

CTCS-1 级面向 160 公里/小时以下的区段，由主体机车信号和加强型运行监控记录装置组成。它需在既有设备的基础上强化改造，达到机车信号主体化的要求，增加点式设备，实现列车运行安全监控。

CTCS-2 级面向提速干线和高速新线，采用车地一体化设计，基于轨道电路和应答器传输信息的列车运行控制系统。该系统地面可不设通过信号机，机车乘务员凭车载信号行车。

CTCS-3 级面向提速干线、高速新线或特殊线路，基于无线传输信息并采用轨道电路等方式检查列车占用的列车运行控制系统。点式设备主要传送定位信息。

CTCS-4 级面向高速新线或特殊线路，是完全基于无线传输信息的列车运行控制系统。地面可取消轨道电路，不设通过信号机，由 RBC 和车载验证系统共同完成列车定位和完整性检查，实现虚拟闭塞或移动闭塞。

二、CTCS-2 级列控系统地面设备

1. 概述

如图 3.2 所示高速铁路 CTCS-2 级列控系统是基于轨道电路和点式信息设备传输列车运行许可信息，并采用目标距离模式监控列车安全运行的列车运行控制系统。该系统面向提速干线和高速新线，适用于各种限速区段，地面可不设通过信号机，是一种点连式列车运行控制系统。

CTCS-2 级系统中轨道电路实现列车占用检查及完整性检查，并连续向车载设备传送空闲闭塞分区数量等信息。应答器向车载设备传输定位信息、线路参数、进路参数、临时限速和停车等信息。列控中心具有轨道电路编码、应答器报文储存和调用、区间信号机点灯控制、站间安全信息（区间轨道电路状态、中继站临时限速信息、区间闭塞和方向条件等信息）传输等功能，根据轨道电路、进路状态及临时限速等信息产生行车许可，通过轨道电路及有源应答器将行车许可传给列控车载设备。

车载控制设备根据地面设备提供的信号动态信息、线路参数、临时限速等信息和动车组参数，按照目标距离模式生成

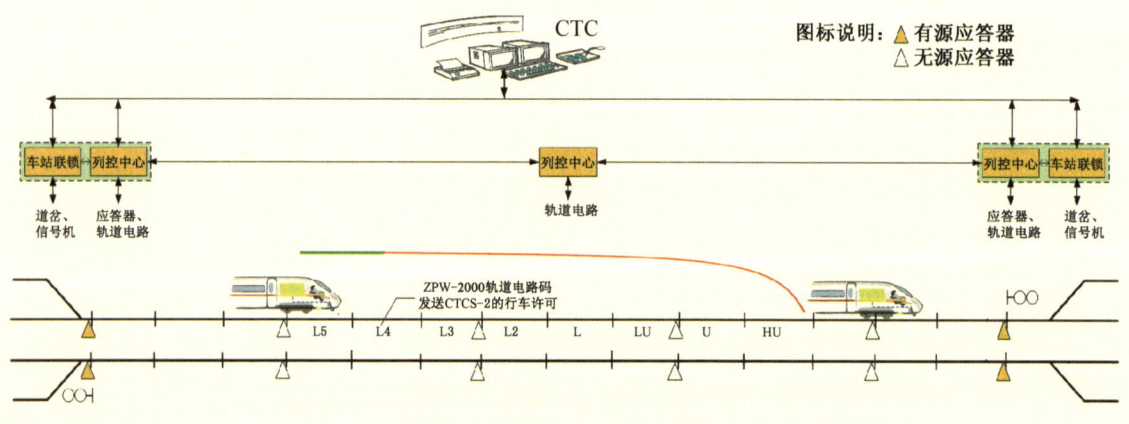

图 3.2　CTCS-2 运行示意图

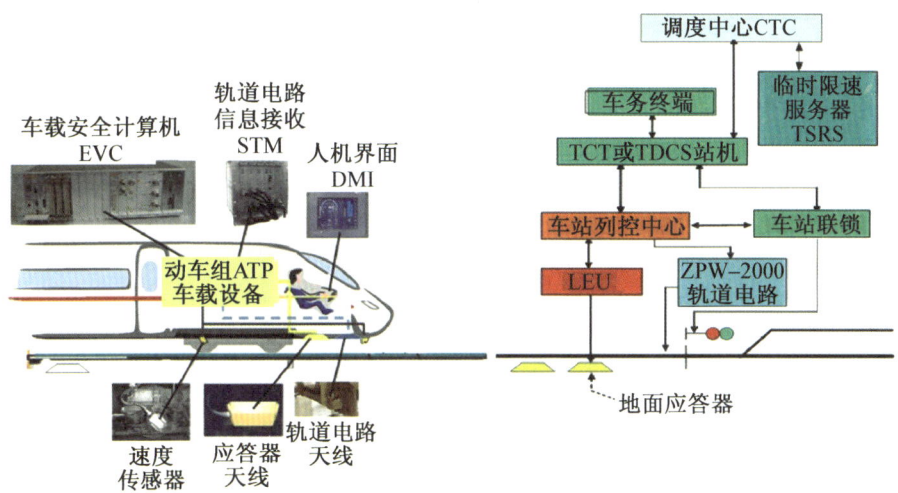

图 3.3　CTCS-2 级列控系统结构图

控制速度，监控列车安全运行。

CTCS-2 列控系统由地面系统与车载设备组成，CTCS-2 系统设备组成见图 3.3。

2. 地面设备

CTCS-2 级列控系统地面设备由 ZPW-2000 轨道电路、应答器、列控中心、计算机联锁等组成。

1）ZPW-2000 轨道电路

轨道电路实现占用检查及连续传输列控信息，包括以下信息：行车许可、空闲闭塞分区数量、道岔限速等。

2）应答器

图 3.4　应答器

点式信息由有源应答器和无源应答器提供,包括以下的信息:

➢ 线路长度(以闭塞分区为单位提供)。
➢ 线路坡度。
➢ 线路固定限速。
➢ 临时限速。
➢ 级间切换。
➢ 列车定位等信息。

应答器设置:

(1)进站信号机处设置有源应答器,提供接车进路参数及临时限速信息。接车进路建立后,进站应答器发送相应的接车进路信息。具有直股发车进路的股道应提供直股发车进路、前方一定距离内的线路参数和临时限速信息。

(2)车站出站口处设置无源应答器和有源应答器。无源应答器提供前方一定距离内的线路参数;有源应答器提供前方一定距离内的临时限速。

(3)区间设置无源应答器组,提供运行前方一定距离内的线路参数及定位信息,设置在闭塞分区入口处外方。

(4)根据需要可设置特殊用途的无源应答器,如 CTCS 级间转换等。CTCS 级间转换应分别设置具有预告、执行功能的固定信息应答器。

(5)应答器的正线线路参数应交叉覆盖,实现信息冗余。

3)地面电子单元(LEU)

地面电子单元经过 1 个冗余的、安全的串行链路(接口 S)接收列控中心发送的编码,并独立地驱动 4 个有源应答器,向其实时发送进路信息或大号码道岔信息。

4)列控中心

列控中心是 CTCS 的地面设备之一,列控中心分别与车站信号联锁、调度集中、微机监测、地面电子单元(LEU)等设备进行信息交换,获得行车命令、列车进路、列车运行状况和设备状态，通过安全逻辑运算，产生控车命令，通过有源应答器及轨道电路传送给列车，实现对运行列车的控制。

（1）列控中心的主要功能

列控中心根据临时限速命令、车站进路状态，调用相应报文，通过 LEU 传至有源应答器。

列控中心根据列车占用轨道区段及车站进路状态，控制轨道电路的载频、低频信息编码，并控制站内及区间轨道电路发送方向。

列控中心根据列车在区间的走行逻辑，对轨道电路占用、出清、非正常逻辑进行判断和报警，并采取必要的防护措施。

列控中心完成区间信号机点灯控制、无岔站信号及进路控制、区间运行方向与闭塞控制。

列控中心间实时传输区间轨道电路状态、临时限速信息、区间闭塞和方向条件等安全信息以及相关状态信息。

（2）列控中心系统组成

车站列控中心设置于车站信号楼，列控中心适用于装备计算机联锁/CTC 的车站、区间中继站和控制无岔站的中继站（列控中心亦可使用在与 CTCS-2 级线路相衔接的 CTCS-0 级的 TDCS 车站）。列控中心与车站联锁、CTC 车站分机、应答器、地面电子单元（LEU）、ZPW-2000 轨道电路、微机监测等设备的关系如图 3.5 所示。

车站列控中心通过 LEU 接口（S）发送给 LEU 系统的信息包括：车站列车进路报文、线路临时限速报文、请求状态信息。LEU 发送给车站列控中心的信息包括：应答器状态信息、LEU 状态信息。

通过计算机联锁接口（Q），接口获得车站进路和相关实时信息，包括进站、出站、通过、进路、股道号、信号机开放等，根据需要，输出进站或进路信号机点黄灯、接近区段轨道电路发黄码控制。

通过轨道电路接口（T）从轨道电路实时接收轨道区段状

态信息。实时向轨道电路发送载频信息、低频信息、轨道电路分路不良状态信息。

通过 CTC（TDCS）接口（P），CTC（TDCS）系统发送给车站列控中心的信息包括：线路临时限速命令（起点里程、长度、速度），时钟同步信息。车站列控中心向 CTC（TDCS）系统发送的信息包括：线路临时限速执行结果信息、状态信息。

通过与相邻列控中心连接（U口），实现列控中心间通信，内容包括：区间中继站轨道电路状态、信号机点灯状态信息，区间方向切换继电器同步状态信息，区间闭塞和方向条件信息，相邻车站和区间中继站临时限速信息，区间中继站列控中心运行状态信息，车站联锁所需要的信息，编码所需要的信息。

通过微机监测接口（R），车站列控中心向微机监测系统发送的信息包括：列控中心状态，地面电子单元（LEU）、应答器状态，列控中心与其他系统的通信状态，应答器报文特征码。

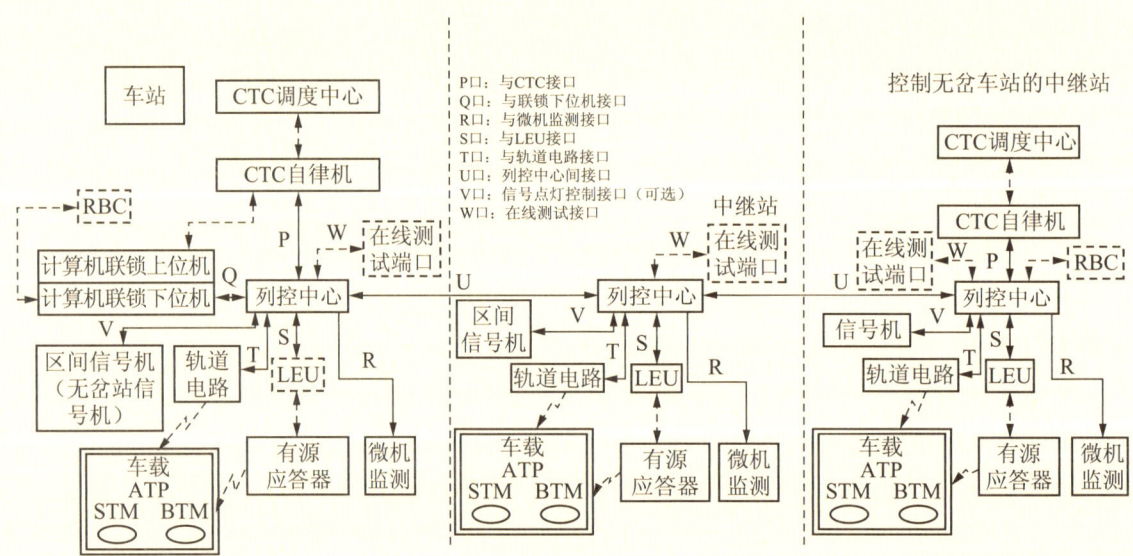

图 3.5　CTCS-2 列控中心系统组成框图

三、CTCS-3 级列控系统地面设备

1. 概述

CTCS-3 级列控系统是基于无线传输信息并采用传统方式检查列车占用的列车运行控制系统（图 3.6）。面向高速新线或特殊线路，基于无线通信的自动闭塞或虚拟自动闭塞，它可以叠加在既有干线信号系统上。CTCS-3 级适用于各种限速区段，地面可不设通过信号机，司机凭车载信号行车，满足客运专线和高速运输的需求。CTCS-3 级列控系统采取目标距离控制模式和准移动闭塞方式，同时具有 CTCS-2 级功能。其运行示意图如图 3.6 所示。

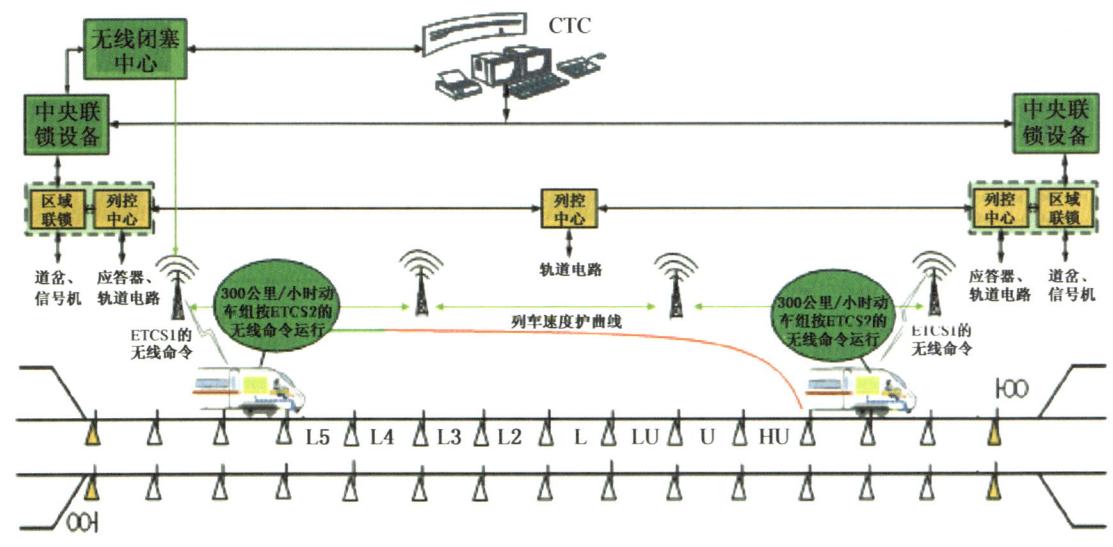

图 3.6　CTCS-3 级运行示意图

CTCS-3 级列控系统包括地面设备和车载设备（图 3.7）。地面设备由无线闭塞中心（RBC）、列控中心（TCC）、ZPW-2000（UM）系列轨道电路、应答器（含 LEU）、GSM-R 通信接口设备等组成；车载设备由车载安全计算机（VC）、GSM-

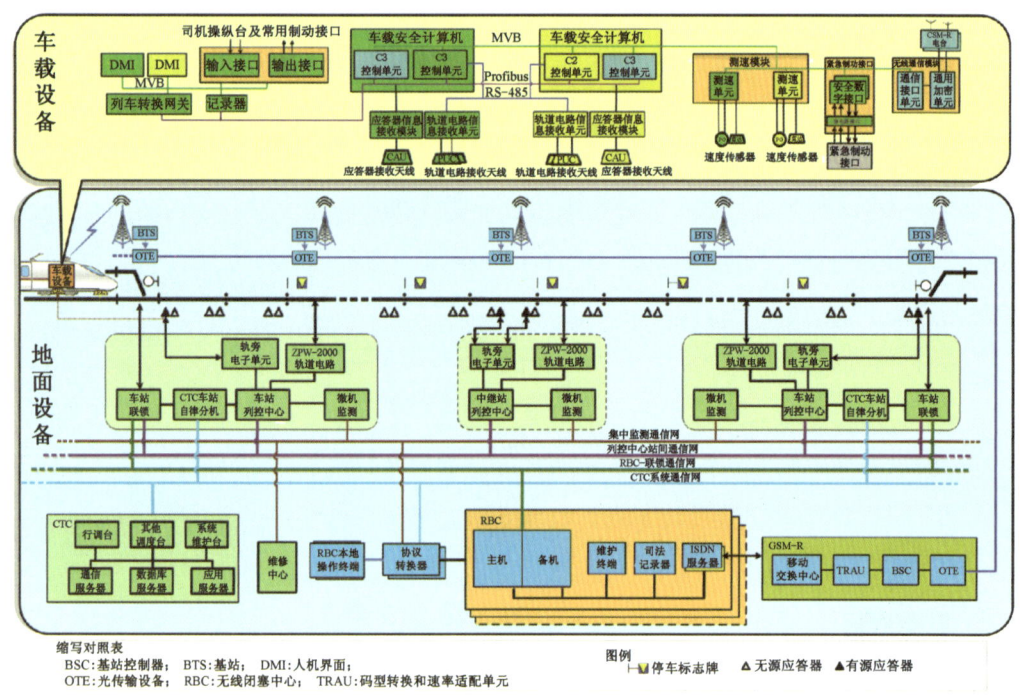

图 3.7 CTCS-3 级列控系统总体结构图

R 无线通信单元（RTU）、轨道电路信息接收单元（TCR）、应答器信息接收模块（BTM）、记录单元（JRU/DRU）、人机界面（DMI）、列车接口单元（TIU）等组成。

RBC 根据轨道电路、联锁进路等信息生成行车许可，并通过 GSM-R 无线通信系统将行车许可、线路参数、临时限速传输给 CTCS-3 级车载设备；同时通过 GSM-R 无线通信系统接收车载设备发送的位置和列车数据等信息。

TCC 接收轨道电路的信息，并通过联锁系统传送给 RBC；同时，TCC 具有轨道电路编码、应答器报文储存和调用、站间安全信息传输、临时限速等功能，满足后备系统需要。

应答器向车载设备传输定位和等级转换等信息；同时，向车载设备传送线路参数和临时限速等信息，满足后备系统需要。应答器传输的信息与无线传输的信息的相关内容保持一致。

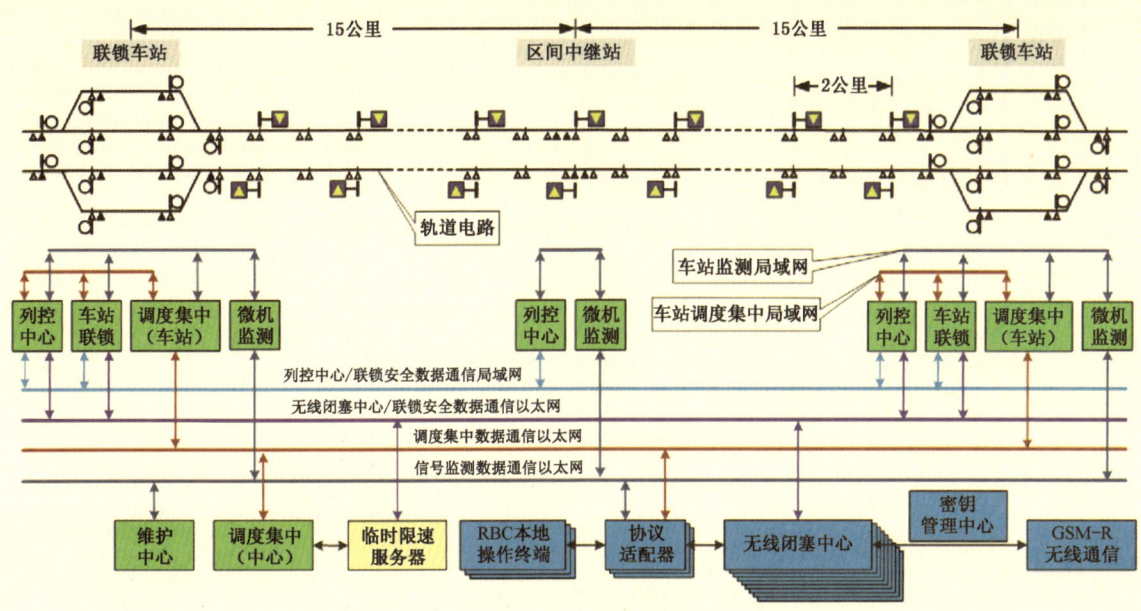

图 3.8　CTCS-3 级地面设备结构示意图

车载安全计算机根据地面设备提供的行车许可、线路参数、临时限速等信息和动车组参数，按照目标距离连续速度控制模式生成动态速度曲线，监控列车安全运行。

CTCS-3 级列控系统的区间不设地面信号机，在闭塞分区分界处设置区间信号标志牌，标志牌如图 3.9 所示。

2. 无线闭塞中心（RBC）

CTCS-3 级列控系统地面设备的主要特点在于采用全线 RBC 设备集中设置（图 3.8）。CTCS-2 级作为 CTCS-3 级的后备系统，无线闭塞中心（RBC）或无线通信故障时，CTCS-2 级列控系统控制列车运行。

1）RBC 的功能与配置

在 CTCS-3 级列控系统中，RBC 的主要功能包括：通过列车的 CTCS 识别码获得列车的信息；通过轨道电路提供的列车占用信息跟踪区域内列车；根据微机联锁、轨道电路等系统提供的信息，生成管辖范围内每一列车的行车许可；接收调度

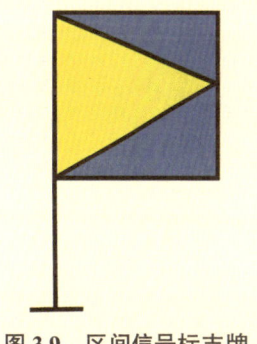

图 3.9　区间信号标志牌

集中系统（CTC）提供的临时限速信息；向管辖范围内列车传送列车当前行车许可、临时限速及线路参数。

综合考虑各种限制条件、运行调试和维修维护的便利性，RBC 主机一般集中设置。

RBC 设备采用硬件安全比较冗余结构，其设备配置如图 3.10 所示。设备配置包括：无线闭塞单元（RBU）、协议适配器（VIA）、RBC 维护终端、司法记录器（JRU）、ISDN 服务器、操作控制终端和交换机等。

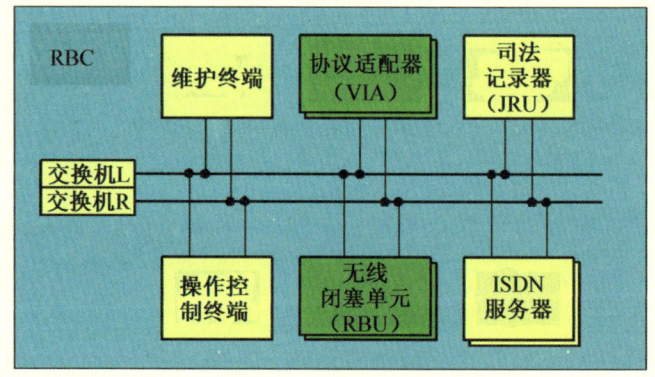

图 3.10　RBC 设备配置

操作控制终端：RBC 操作控制终端由服务器和工作站组成，主要可完成站场图形显示、进路及列车运行情况显示、列车的登记与注销、紧急操作以及 RBC 系统的维护与诊断等功能。

本地维护终端：每台 RBC 设有一个维护终端，为维护工程师及其他技术人员提供与 RBU 的接口。主要功能包括监视 RBU 处于工作状态，还可以通过它切换 RBU 工作状态；告警提示；读取由 RBU 存储的诊断数据（包括来自安全传输单元的数据）；下载系统日志；设定时间和日期。

司法记录器：司法记录器将 RBC 所有状态以及列车报告的数据和状态均记录下来，以备分析检查。

ISDN 服务器：通过 ISDN 服务器为 RBC 提供通话路由。

2）RBC 行车许可的概念

行车许可描述了在 CTCS-3 级区域、运营条件正常的情况下，列车获得行车许可，监控列车运行的过程。行车许可包括如下基本概念：

① 行车许可（MA）：是列车安全运行的行车凭证。一个行车许可（MA）可以包括多个连续的闭锁进路。

② 缩短行车许可（SMA）：缩短行车许可强制列车以接收到的停车位置作为新的行车许可终点（EOA），列车将根据当前位置，决定是否触发常用制动或紧急制动；如果列车已经越过该位置，将立即触发紧急制动。

③ 无条件紧急停车消息（UEM）：要求列车立即制动停车，列车接收到该消息后，将实施紧急制动。

④ 有条件紧急停车消息（CEM）：要求列车在指定位置前停车，车载设备将评估列车当前位置和新的指定位置间的关系，重新计算制动曲线。

3）RBC 行车许可的生成

RBC 的最主要功能就是为列车分配行车许可（MA）。RBC 接收联锁的信号授权（SA，即股道占用、进路状态）、列车位置、临时限速等信息，结合存储在 RBC 内部的线路参数，生成列车行车许可控制命令息，控制 RBC 管辖范围内线路上的列车安全运行，完成列车间隔控制和列车防护。RBC 生成行车许可的过程包括：数据配置、地面动态状态映射、列车管理、MA 生成和 RBC 切换。

(1) 数据配置

RBC 存储了管辖范围内线路上所有设备之间的拓扑关系和各种特殊区域的起止范围，RBC 可根据车载设备的位置报告在该拓扑图上确定列车所在的精确位置。通常，RBC 需要根据列控数据表和信号平面图生成 RBC 能够理解的静态信息：

① 线路描述信息：应答器、信号机、道岔、绝缘节位置

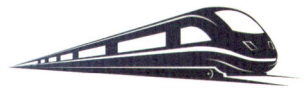

及其相邻关系；线路变坡点、变速点位置及对应的坡度、速度值；线路分相区起点和长度；允许调车区的范围；等级转换区预告点、执行点位置；RBC 切换预告点、执行点位置等。

② 进路信息：RBC 中保存的进路与联锁进路相对应的编号；每条进路的名称；每条进路的起止位置及通过的道岔等。

③ 临时限速信息：区间站内分界点、长短链信息、里程标系信息、线路号信息等。

④ 灾害区信息：灾害区位置及长度；灾害区中包含的设备列表。

⑤ 接口描述信息：安全通信参数信息（密钥、网络地址、端口）；设备对象编号信息（联锁、TSRS 设备编号）等。

⑥ RBC 设备信息：RBC 设备编号、电话号码；RBC 版本信息；配置参数、行车许可请求参数、位置报告参数等；允许发送的 MA 最大长度。

（2）地面动态状态映射

当 RBC 启动时，内部所有进路信息和临时限速信息均须设置为安全状态，此时不能为车载设备提供行车许可。为了正常控车，RBC 必须能够与相邻 RBC、联锁和临时限速服务器建立起安全连接，并根据来自相邻 RBC、联锁和临时限速服务器的消息，将地面动态状态映射到其保存的内部拓扑图上，更新相应的内部状态。具体而言，包括二种映射。

① 进路映射：根据来自联锁的进路编号和进路状态，找到 RBC 内部保存的对应进路，并更新其状态。

② 临时限速映射：根据来自临时限速服务器的临时限速命令，按照公里标、线路号、限速值等信息将临时限速设置到内部拓扑图上的对应区域。

（3）列车管理

RBC 与车载设备的对应关系为一对多的关系，一个 RBC

控制多个车载设备，因此需要与不同的车载设备建立独立的安全连接，并通过各安全连接与不同的列车交换信息。当RBC收到呼叫请求时，RBC应能根据内部保存的密钥信息区分正常的列车呼叫和非法攻击。对正常的列车呼叫，当已建立的连接未超过RBC允许的最大值时，RBC应能为呼叫分配通道并建立起安全连接；对非法攻击，RBC应能命令对方断开连接。

当安全连接建立后，RBC应能接受列车注册。此后，RBC应能根据列车报告的位置确定列车是否在其管辖范围内，根据列车报告的模式和等级确定是否需要为车载设备提供控车信息。当车载设备报告非正常模式（如休眠）时，RBC应命令车载设备断开连接。对于不在其管辖范围内的列车，RBC应命令车载设备断开连接；对于确定在其管辖范围内的车载设备发送配置参数等信息。当列车离开RBC管辖范围或者列车所在的模式、等级不再需要RBC提供控车信息时，RBC应命令车载设备断开连接。此外，RBC应能接受车载设备的主动注销。

（4）行车许可（MA）生成

RBC根据列车报告的位置在内部拓扑图上对列车精确定位，根据列车前方进路状态和RBC允许的最大MA长度约束，将列车前方的空闲进路尽可能多地分配给列车，并计算出这些空闲进路的总长度，填充行车许可信息；同时，根据静态线路描述信息中包含在分配给列车的进路范围内的应答器、变坡点、变速点、分相区、等级转换区、RBC切换区等信息，加上内部拓扑图上的动态临时限速信息，填充连接信息、坡度曲线、静态速度曲线、等级转换命令、设置临时限速、线路条件、RBC切换命令等信息，共同组成行车许可消息发送给车载设备。示意图如图3.11所示。

发车进路、接车进路和通过进路：调度集中（CTC）办理列车进路，联锁根据进路信息和轨道电路状态向RBC发送信

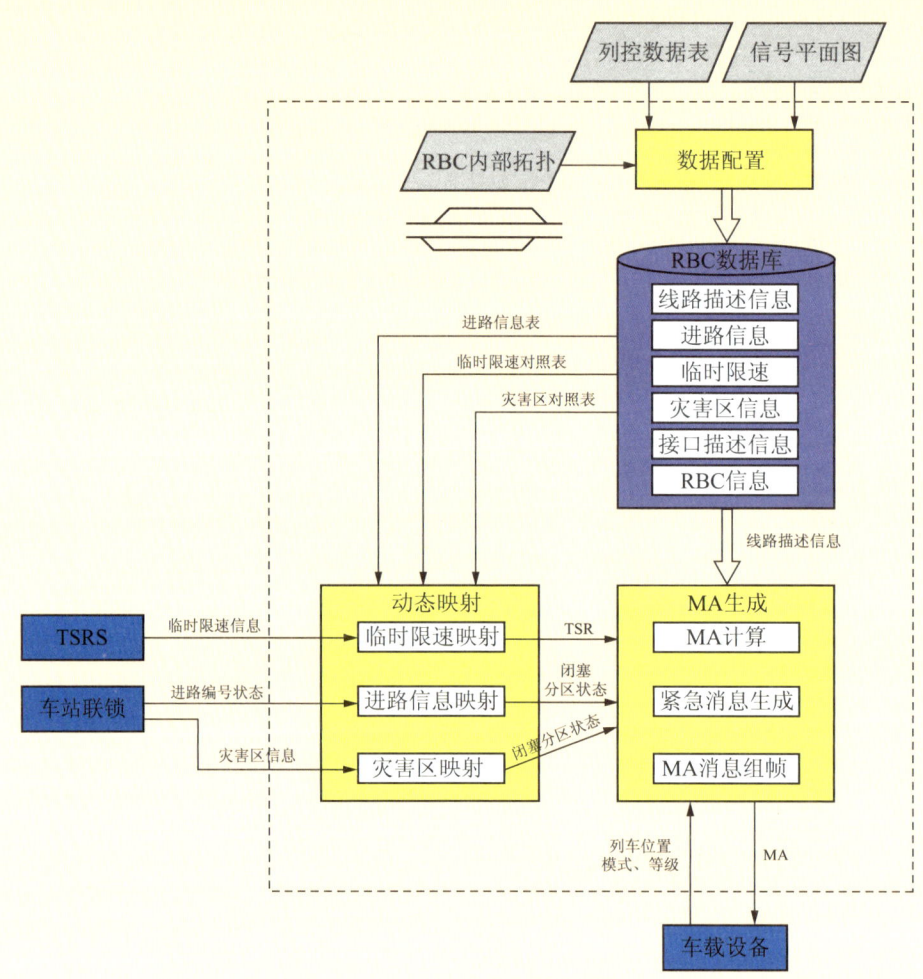

图 3.11 MA 生成原理示意图

号授权（SA），RBC 根据信号授权和列车位置生成行车许可（MA），并将行车许可发送给车载设备。

站间运行：联锁根据轨道电路状态向 RBC 发送信号授权（SA），RBC 根据信号授权和列车位置生成行车许可（MA），并将行车许可发送给车载设备。RBC 行车许可生成如图 3.12。

下面以办理接车进路为例，阐述 RBC 生成行车许可的过程，如图 3.13 所示。列车侧线停车，进路区段随列车的顺序

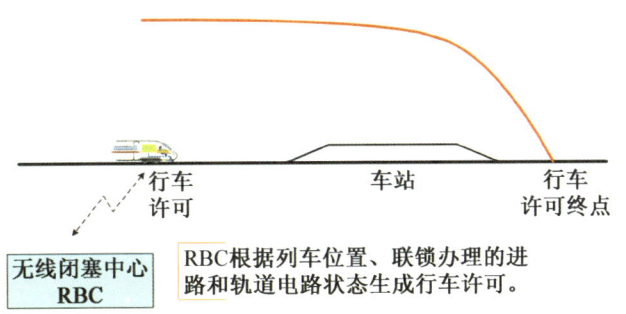

图 3.12　RBC 行车许可生成

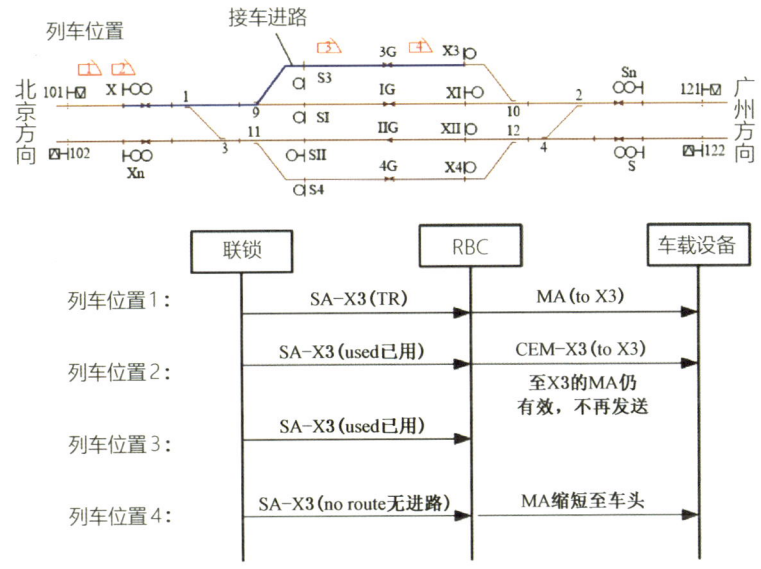

图 3.13　接车进路 RBC 行车许可生成

占用和出清逐段解锁。当列车全部进入股道后,给 RBC 的接车股道信号授权需要继续保持有效,直到判断列车停稳计时时间结束(列车完全进入股道后开始计时,暂定 40 秒)。接车进路状态无效后,行车许可缩短到列车前端位置。

● 列车位置 1:

① 联锁办理接车进路:X → X3,向 RBC 发送信号授权:(SA-X3)。

② RBC 向列车发送行车许可:→ X3 MA(FS)。

- 列车位置 2：

① 联锁向 RBC 发送接车进路状态信息：（SA-X3）"使用（used）"。

② RBC 以进站信号机 X 为目标点，向列车发送有条件紧急停车消息（CEM）。

③ 正常运行列车将忽略该有条件紧急停车消息（CEM）。

- 列车位置 3：

① 联锁向 RBC 发送接车进路状态信息：（SA-X3）"使用（used）"，联锁解锁"X→S3"的进路。

② 联锁启动股道判断列车停稳计时。

- 列车位置 4：

① RBC 向联锁报告列车停稳状态信息"列车速度为零（train speed=stand still）"。

② 判断列车停稳计时 40 秒结束。

③ 接车股道进路解锁，联锁向 RBC 发送接车进路"无进路（no route）"信息。

④ RBC 向列车发送到列车前端的行车许可。

⑤ 列车将行车许可缩短至列车前端。

4）RBC 接口和安全技术

（1）RBC 设备内部接口

RBC 设备内部接口包含：RBC 与 RBC 间的接口、RBC 与 ISDN 间的接口、RBC 与 VIA 和 RBC 操作控制终端接口、RBC 与 RBC 本地维护终端接口、RBC 与司法记录器接口。

（2）RBC 设备外部接口

① RBC 与车站联锁设备的接口

RBC 和联锁系统将站间线路划分为若干个信号授权 SA 区段，然后以此为基本单位进行信息交互。它以对象的方式传递信息，对象包括列车状态、信号授权和紧急停车区。

RBC 与联锁系统通过冗余配置的 TCP/IP 信号专用安全通信网连接，采用安全通信协议，实现信息安全传输。

② RBC 与 CTC 设备接口

在 CTC 系统调度中心设置 CTC/RBC 接口服务器，CTC/RBC 接口服务器通过以太网通信端口一端接入 RBC 网络，另一端接入 CTC 调度中心局域网。

CTC 系统通过协议转换器（VIA）设备和 RBC 系统进行数据交换。CTC-RBC 接口服务器为双套配置，同时和多套 VIA 相连。

③ RBC 与临时限速操作服务器接口

临时限速信息包括临时限速命令和临时限速状态。临时限速服务器/RBC 间交换的所有数据均采用安全通信协议，保证数据交换的安全。

RBC 通过信号专用安全数据通信网直接与临时限速服务器连接，传输临时限速相关信息。

④ RBC 与信号集中监测设备接口

RBC 向集中监测站机传送的主要信息包含：RBC 设备的运行状态信息、维护诊断信息等。

在控制中心设置信号监测终端系统，终端计算机一端接入 RBC 的非安全局域网，一端接入监测局域网。RBC 的本地终端将所有 RBC 的维护、诊断信息汇总并处理，按照规定的应用层通信协议，将 RBC 的监测信息发送给信号集中监测的终端计算机；通过信号集中监测网络，将 RBC 监测信息发送给各级维修中心。

⑤ RBC 与 GSM-R 网络之间的接口

RBC 通过 ISDN PRI 接口与 GSM-R 网络移动交换机（MSC）连接。

一个 RBC 与 MSC 的 PRI 接口必须冗余配置，MSC 为这些接口分配统一的 ISDN 呼入号码，并按照负荷分担的原则将车载台对某个 RBC 的呼叫路由到一个可用的 PRI 接口上。

3）RBC 切换技术

RBC 切换描述了在不同 RBC 边界处，实现列车在两个

RBC 间行车许可控制的安全切换过程。RBC 切换应采用 RBC 间直接通信的方式交换 RBC 切换信息（图 3.14）。

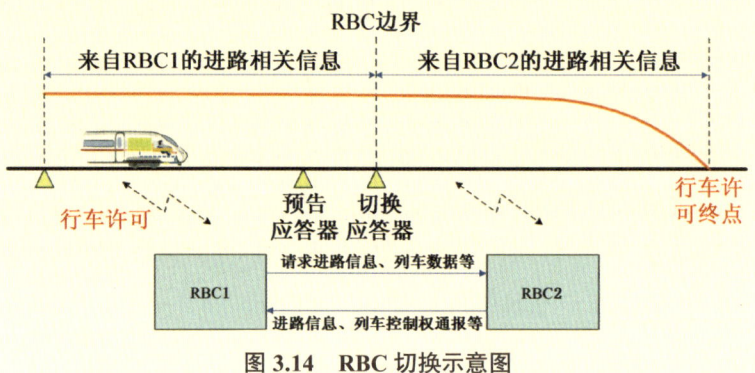

图 3.14　RBC 切换示意图

在 RBC 切换过程中，RBC1（移交 RBC）负责向 RBC2（接收 RBC）发送切换预告信息（车载设备 ID、RBC 边界的应答器组 ID、列车数据等）、进路请求信息、切换通告信息、切换确认信息、切换取消信息。RBC2 负责向 RBC1 发送进路信息、接管列车信息。

为消除 RBC 切换对列车正常运行的影响，车载设备应设置两个独立 GSM-R 通信电台：当列车距 RBC 切换边界一定距离（列车走行 40 秒所需要的距离）时，在 RBC1 控制下，通过另一部电台开始呼叫 RCB2 并进行连接注册。

当其中一部 GSM-R 通信电台故障时，车载设备仍能用正常电台进行 RBC 切换，但如果切换时间超过车地间允许通信中断时间，列车正常运行会受到一定影响。

由于在 CTCS-3 级线路上所有 RBC 都连接到相同的 GSM-R 无线网络上（即同一个 GSM-R 网络运营商网络），在 RBC 正常切换时，不需要考虑任何新的 GSM-R 无线网络注册。

RBC 切换包括两部 GSM-R 无线电台都正常和只有一部 GSM-R 无线电台正常的场景，适用于列车在本线不同 RBC 控制区域间 RBC 对列车控制权的切换，也适用于不同线路间

RBC 对列车控制权的切换。

4）临时限速管理技术

如图 3.15 临时限速设备构成及信息流程示意图所示，行车调度台助理调度员通过 CTC 助调终端对全线有计划的限速进行拟定，经行调员通过 CTC 行调台确认，形成临时限速调度命令并储存在调度中心临时限速服务器中。

临时限速服务器不断检查其存储的临时限速命令计划，即将到达执行时间的限速命令经调度员激活后通过信号安全数据通信网分别下达给 RBC 和 TCC，RBC 和 TCC 分别处理执行。临时限速的设置、取消均在调度中心进行，车站一般不进行临

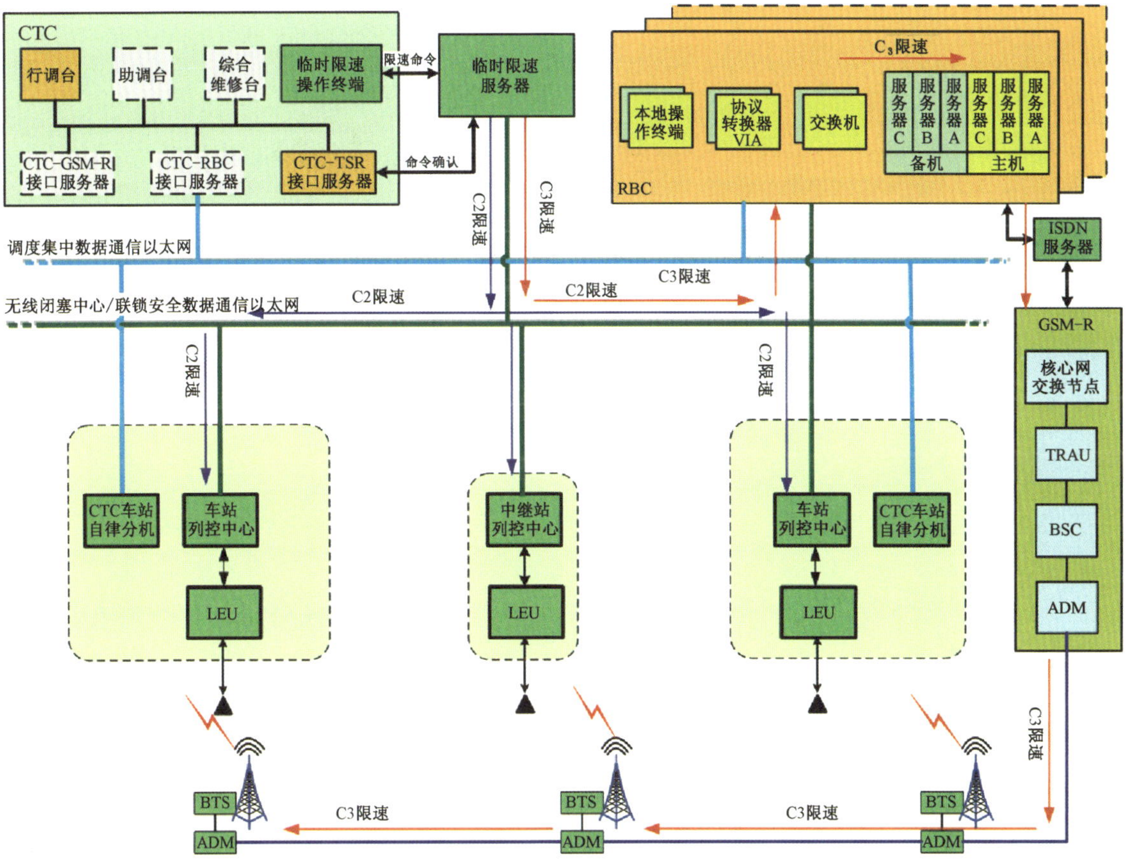

图 3.15　设备构成及信息流程示意图

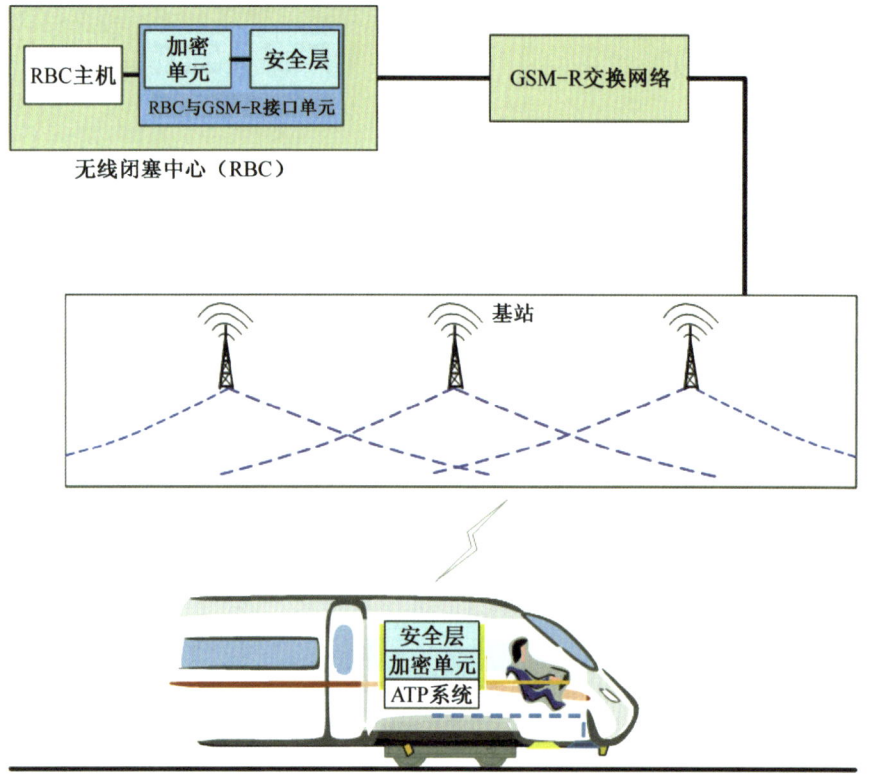

图 3.16 故障—安全的硬件和软件平台示意图

时限速的相关操作。

CTCS-3 级和 CTCS-2 级采用统一的临时限速设置原则，限速命令、管辖范围应保持一致。

5）C3 模式下单项设备故障时的 RBC 系统反应

（1）RBC 设备故障

RBC 采用双套冗余设备。当两套设备均故障后，受其控制的列车将中断与 RBC 之间的通信连接，通信超时（T_NVCONTACT）后，由于列车不能从 RBC 收到任何消息，将实施制动。列车运行速度降至满足 CTCS-2 级系统运行所允许的速度时，自动转为 CTCS-2 级系统继续运行。

故障 RBC 设备区域内所有 CTCS-3 级列车注册信息将在 5 分钟后被自动删除。列车经过 RBC 连接应答器（RE），列车将呼叫 RBC 并重新进行注册并申请行车许可。列车在获得 CTCS-3 级的行车许可后，自动由 CTCS-2 级转换到 CTCS-3 级系统控车。

Ⅰ. 发生故障

① RBC 因故障而停止工作。

② CTC 检测到与 RBC 信息传输中断或故障报警信息后，立即将向调度员指示告警。同时，删除所有从 RBC 传送过来的列车状态显示信息。

③ 区域内工作在 CTCS-3 级状态的列车将使用原有的行车许可继续运行，直至行车许可结束或与 RBC 的通信超时（T_NVCONTACT）。

④ 与 RBC 通信超时后，工作在 CTCS-3 级状态的列车将实施最大常用制动，速度降到 CTCS-2 级系统允许的运行速度后自动转换到 CTCS-2 级系统继续工作。车载设备关闭与 RBC 的通信连接，删除故障 RBC 的呼叫信息。

⑤ 转换到 CTCS-2 级系统继续工作的列车，当列车经过一个带有与 RBC 建立通信连接会话命令的应答器组时，开始尝试与 RBC 重新建立新的连接。

⑥ 当列车与 RBC 重新建立新的连接并获得行车许可后，将自动由 CTCS-2 级转到 CTCS-3 级系统进行控车。

Ⅱ. 故障修复

① RBC 设备故障经修复可以开始正常工作。

② 其管辖范围列车均在 CTCS-2 级系统控车。

③ RBC 设备经调度员同意，由设备维护人员负责重新上电并启动。

④ RBC 启动后不向列车发送任何信息；除了建立连接通信信息（信息包 155）外，其他从列车发来的信息均被忽略。

⑤ RBC 根据 CTC 系统时钟进行时钟同步，以确保系统计时标准统一。

⑥ 调度员确认 RBC 系统已恢复，并进入正常工作状态。

⑦ 当列车经过了一个带有与 RBC 建立通信连接会话命令的应答器组时，开始尝试与 RBC 重新建立新的连接。

⑧ 当列车与 RBC 重新建立新的连接并获得行车许可后，将自动由 CTCS-2 级转到 CTCS-3 级系统进行控车。

（2）车站联锁设备通信故障

当车站联锁设备与 RBC 通信发生故障时，RBC 将无法获得该联锁管辖范围内各进路状态信息，系统将参照 RBC 设备故障的反应进行相应处理。RBC 立即停止与行车许可已涉及该联锁控制区的列车通信。

I. 发生故障

① RBC 检测到车站联锁信息传输中断后，将立即向调度员提示告警。同时，不再接受行车许可涉及该联锁区域的列车注册，不对已注册列车的行车许可进行更新。

② 工作在 CTCS-3 级状态的列车将使用原有的行车许可继续运行，直至行车许可结束或与 RBC 通信超时（T_NVCONTACT）。

③ 当与 RBC 通信超时（T_NVCONTACT），工作在 CTCS—3 级状态的列车将实施最大常用制动，速度降到 CTCS—2 级系统允许的运行速度后自动转换到 CTCS-2 级系统继续工作。车载设备关闭与 RBC 的通信连接，删除故障 RBC 的呼叫信息。

④ 转换到 CTCS-2 级系统继续工作的列车，当列车经过一个带有与 RBC 建立通信连接会话命令的应答器组时，开始尝试与 RBC 重新建立新的连接。

⑤ 当列车与 RBC 重新建立新的连接并获得行车许可后，将自动由 CTCS-2 级转到 CTCS-3 级系统进行控车。

II. 故障修复

① RBC 与联锁设备通信故障经修复后可以开始正常工作。

② 行车许可涉及该联锁管辖范围的列车均在 CTCS-2 级

系统控车。

③ 当列车经过了一个带有与 RBC 建立通信连接会话命令的应答器组时，开始尝试与 RBC 重新建立新的连接。

④ RBC 根据车站联锁提供的车站进路及转发的区间进路状态信息，向该联锁管辖范围内相关的列车提供行车许可。

⑤ 当列车收到等级转换命令并获得行车许可后，将自动由 CTCS-2 级转到 CTCS-3 级系统进行控车。

（3）车载设备故障

当车载设备中涉及 GSM-R 无线通信设备单元故障时，列车运行速度降至 CTCS-2 级允许速度，自动转为 CTCS-2 级系统工作。

车载设备采用双套冗余，当其中一套设备故障时，立即触发紧急制动。列车停车后，司机将转换冗余切换开关启动冗余设备。在冗余设备上电后，将执行启动程序。

当两套设备均故障时，会立即触发紧急制动。根据行车规定，司机打开车载设备隔离开关，切断车载设备触发列车制动条件，将设备与列车隔离并进入隔离模式（IS）行车。

（4）应答器设备故障

在 CTCS-3 级系统中，应答器组主要用于列车的定位。应答器组一般应进行连接，只有连接的应答器组才可被用为参考位置（LRBG），用于向 RBC 报告位置。

应答器故障可能有下列情形：

① 在期望窗口之前发现期望的应答器组；
② 在期望窗口之后发现期望的应答器组；
③ 在期望窗口中未发现期望的应答器组；
④ 应答器组的数据不可读；
⑤ 列车通过了一组错误方向的应答器组。

作为一个通用的规则，如果发生了上述①～④应答器故障情形，车载设备将只向 RBC 发送位置报告，并报告应答器故障信息而不作其他应急反应。位置报告将还使用原来的位置参

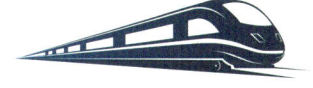

考应答器（LRBG）。

如果发生了"⑤"中所描述的故障情形，列车将实施紧急制动停车。

（5）无线通信设备故障

GSM-R 无线通信主要用于 CTCS-3 级系统车地间列控信息的双向传输。当无线通信单元发生故障，RBC 与列车中断通信连接，列车降低到 CTCS-2 级允许速度后将自动转入 CTCS-2 级系统工作。具体过程如下。

① 区域内工作在 CTCS-3 级状态的列车将使用原有的行车许可继续运行，直至行车许可结束或与 RBC 通信超时（T_NVCONTACT）。

② 当与 RBC 通信超时（T_NVCONTACT），在 CTCS-3 级状态工作的列车将实施最大常用制动，速度降到 CTCS-2 级系统允许的运行速度后自动转换到 CTCS-2 级系统继续工作。车载设备关闭与 RBC 的通信连接，删除故障 RBC 的呼叫信息。

③ 通信中断 5 分钟后，RBC 删除相关列车的注册信息。

④ 转换到 CTCS-2 级系统继续工作的列车，在经过带有与 RBC 建立通信连接会话命令的应答器组时，如果无线通信单元故障已经修复，车载设备开始尝试与 RBC 重新建立新的连接。

⑤ 当列车与 RBC 重新建立新的连接并获得行车许可后，将自动由 CTCS-2 级转到 CTCS-3 级系统进行控车。

3. 其他地面设备

1）应答器

应答器用于向 CTCS-3 级列控系统车载设备提供位置、等级转换、建立无线通信等信息，同时对 CTCS-2 级列控系统车载设备提供线路速度、线路坡度、轨道电路、临时限速等线路参数信息。

应答器报文信息格式采用统一的技术标准，应答器设置满足 CTCS-3 系统、兼容 CTCS-2 系统的要求。

● 无源应答器

无源应答器存储固定信息。当列车经过无源应答器上方时，无源应答器接收到车载天线发射的电磁能量，并将其转换成电能，使地面应答器中的电子电路工作，把存储在地面应答器中的数据循环发送出去，直至电能消失（即车载天线已经离去）。

● 有源应答器

有源应答器通过专门电缆与地面电子单元（LEU）连接，可实时发送 LEU 传送的数据报文。

当列车经过有源应答器上方时，有源应答器接收到车载天线发射的电磁能量，并将其转换成电能，使地面应答器中发射电路工作，将 LEU 传输给有源应答器的数据循环实时发送出去，直至电能消失（即车载天线已经离去）。

当与 LEU 通信发生故障时，有源应答器变为无源应答器工作模式，发送存储的固定信息（默认报文）。

2）LEU

LEU 通过串行通信接口与 TCC 设备连接，将来自 TCC 的报文连续向有源应答器发送，从而实现向车载设备发送可变信息。

当 LEU 与 TCC 通信故障或接收的数据无效时，LEU 向有源应答器发送默认报文。

3）轨道电路

● 区间轨道电路

区间采用计算机编码控制的 ZPW-2000（UM）系列无绝缘轨道电路，轨道电路的传输长度满足相关技术条件的要求。

轨道电路的正常码序为：L5—L4—L3—L2—L—LU—U—HU，满足 CTCS-2 级 300 公里/小时速度列车安全运行的要求。如图 3.17 所示。

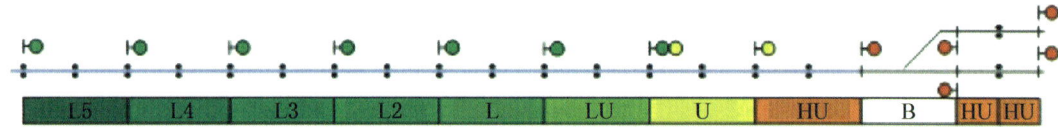

图 3.17 轨道电路编码示意图

● 站内轨道电路

复杂大站：正线及股道区段采用计算机编码控制的 ZPW-2000（UM）系列有绝缘轨道电路，其他区段采用 25 赫兹轨道电路。

一般车站：全站采用与区间同制式的、由计算机编码控制的 ZPW-2000（UM）系列有绝缘轨道电路。

为避免邻线轨道电路的干扰，当站内横向相邻同方向载频的轨道电路长度超过 650 米（线间距不小于 5 米）时，应对轨道电路进行分割。

4）列控中心（TCC）

TCC 是 CTCS-2 级列控系统地面子系统的核心部分。根据轨道区段占用信息、联锁进路信息、线路限速信息等，产生列车行车许可命令，并通过轨道电路和有源应答器，传输给车载子系统，保证其管辖内的所有列车的运行安全。

TCC 采用二乘二取二安全计算机平台，具有技术成熟、可靠等特点。TCC 之间通过安全局域网进行连接，实现 TCC 之间、与车站联锁之间安全信息传输。

CTCS-3 级列控系统各车站、线路所及中继站均设置一套 TCC，中继站距离一般不超过 15 公里，特殊困难地段不能超过 20 公里。

4. CTCS-2、CTCS-3 级列控系统车载设备

1）CTCS-2 级车载设备

其主要功能为列控数据采集、静态列车速度曲线计算、动态列车速度曲线的计算、缓解速度的计算、列车定位、速度的计算和表示、运行权限和限速在 DMI 上的表示。运行权限和限速的监控，在任何情况下防止列车无行车许可运行、超速运行以及防止列车溜逸。列车超速时，车载设备的超速防护具备声光报警、切除牵引力、动力制动、空气常用制动、紧急制动等措施。车载设备发生故障时，及时报警提醒机车乘务员并对故障设备进行必要的隔离；司机行为的监控、反向运行防护、CTCS-2级信息的记录。

（1）列控车载系统组成

CTCS-2级车载设备结构如图3.18所示，动车组的两端各

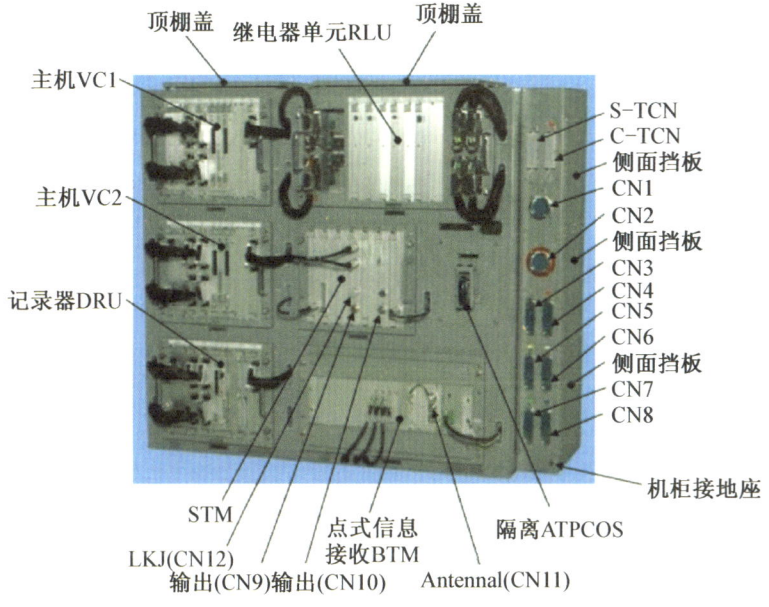

图3.18　200H型ATP主机柜构成图

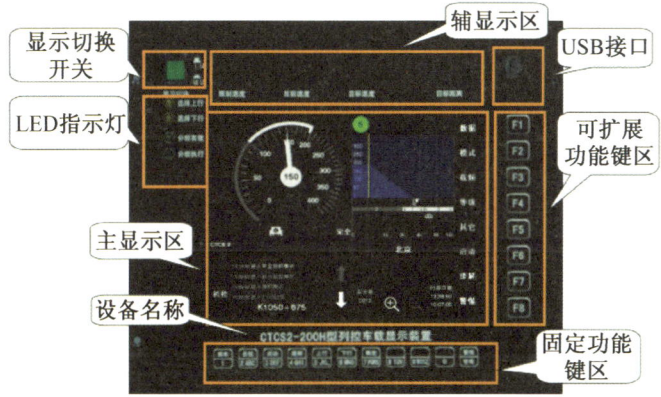

图3.19　200H型列控车载显示图

安装一套独立的ATP车载设备；总体结构采用硬件冗余结构，关键设备均采用双套，核心设备采用三取二或者二乘二取二结构，力求达到高安全性和可用性。

车载设备主要包括以下内容：

① 车载安全计算机（VC）：车载安全计算机是ATP装置的核心部分，负责从ATP各个模块搜集信息，生成制动模式曲线，必要时通过故障-安全电路向列车输出制动信息，控制列车安全运行。

② 应答器信息接收模块（BTM）：BTM天线接收来自地面应答器的信号，传输至BTM模块进行信息解调处理。BTM是一个采用二取二技术的故障-安全模块，通过一个专用信息接口和安全计算机同步。同时它还提供通过应答器中点时的确切时间，能够让ATP车载设备在几厘米的准确范围内进行列车定位校准。

③ 轨道电路信息接收模块（STM）：通过STM天线接收轨道电路信号，解调轨道电路上传的信号信息，将解调的信息及时传递给安全计算机和列车运行监控记录装置。STM模块是安全模块，可接收ZPW-2000系列轨道电路及4信息、8信息、18信息等传统移频轨道电路的信息。

④ 司机操作界面（DMI）：通过声音、图像等方式将ATP车载装置的状态通知司机。司机可以通过DMI上的按键来切换ATP装置的运行模式或是输入必要的信息。DMI配备有带按钮的液晶显示器。DMI安全等级为SIL2级。各ATP车载设备采用统一的显示界面和司机操作规程。ATP车载设备应具备独立的输入手段，全部信息通过ATP车载设备输入，但非安全信息也可由列车运行监控记录装置提供。

⑤ 列车运行监控装置LKJ-2000：200公里/小时速度动车组车载列控系统中同时装备ATP车载设备和列车运行监控装置LKJ-2000。在CTCS-2级区段，由ATP车载设备控车。

在 CTCS-0、CTCS-1 级区段或在 CTCS-2 级区段 ATP 车载设备特定故障下，LKJ 结合 ATP 车载设备提供的机车信号或主体机车信号功能，控制列车运行，最高速度不超过 160 公里/小时。

（2）200 公里/小时动车组 ATP 车载设备的工作模式

ATP 车载设备具备设备制动优先（机控优先）与司机制动优先（人控优先）两种模式，通过 ATP 车载设备内部设置选择其中一种模式。

设备优先的列控 ATP 系统在列车速度高于目标速度后立即进行制动控制；当列车速度低于目标速度后自动缓解，不必司机参与。其优点是能最大限度减轻司机负担，有利于缩短列车追踪间隔。这种控制方式对设备本身的自动化程度及列车的制动缓解性能要求较高。

人控优先的方式只有在列车速度超过安全运行所允许的速度，设备才进行惩罚性的强迫制动。列车正常运行时设备不干预司机操作。人控优先的系统有助于加强司机的责任感，发挥其驾驶技巧。

ATP 车载设备主要工作模式有完全监控（FS）、部分监控（PS）、引导（CO）、目视行车（OS）、调车监控（SH）、隔离（IS）、待机（SB）。

① 完全监控模式（FS）

当车载设备具备列控所需的基本数据（轨道电路信息、应答器信息、列车数据）时，ATP 车载设备可工作在完全监控模式。此时由 ATP 车载设备生成目标距离模式曲线，通过 DMI 显示列车运行速度、允许速度、目标速度和目标距离等，控制列车安全运行。设备制动优先模式见图 3.20。

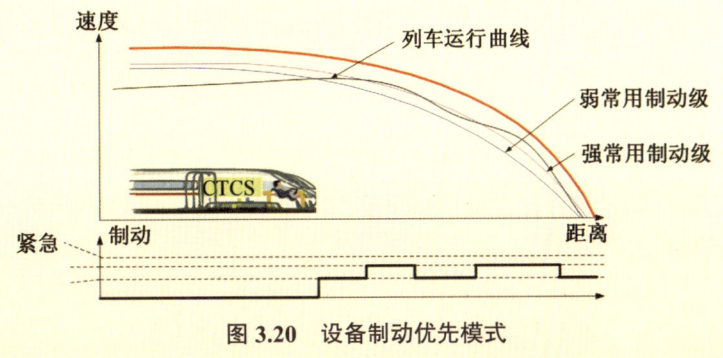

图 3.20 设备制动优先模式

② 部分监控模式（PS）

当 ATP 车载设备接收到轨道电路允许列车信息，但线路数据缺损时，ATP 车载设备工作于部分监控模式，其产生固定限速，监控列车运行。

侧线发车时，ATP 车载设备根据股道轨道电路信息（根据道岔限速发送 UU 码或 UUS 码），形成并保持固定限制速度（至出站口），控制列车运行。

③ 引导模式（CO）

引导接车时，ATP 车载设备收到接近区段的轨道电路信息（HB 码），形成并保持固定限制速度（40 公里/小时），监控列车运行。

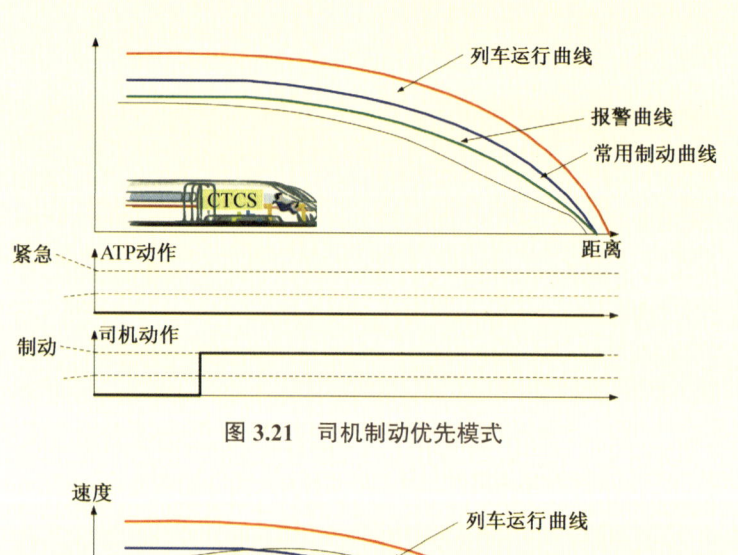

图 3.21　司机制动优先模式

④ 目视行车模式（OS）

当 ATP 车载设备显示禁止信号时，ATP 处于目视行车模式。此时列车停车后，根据行车管理办法（含调度命令），ATP 生成固定限制速度（40 公里/小时），列车在 ATP 监控下运行，司机对安全负责。司机制动优先模式见图 3.21、图 3.22 所示。

⑤ 调车监控模式（SH）

当车列进行调车作业时，司机经过特殊操作后，转为调车模式，ATP 生成 40 公里/小时的调车限制速度，控制列车运行。

⑥ 隔离模式（IS）

当 ATP 车载设备故障，触发制动停车后，根据故障提示，司机经特殊操作，ATP 车载控制功能停用，在该模式下司机按调度

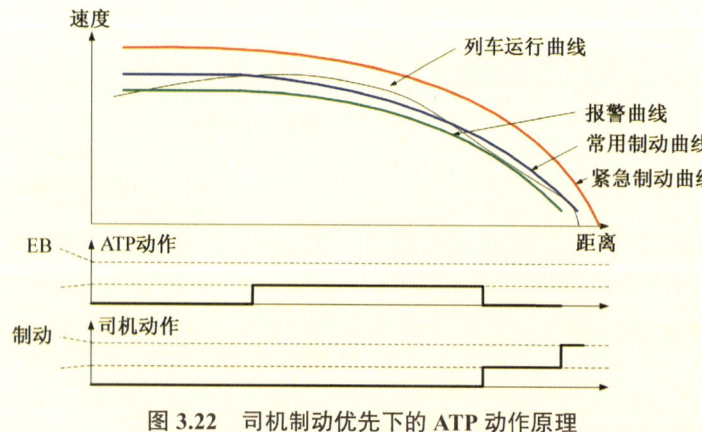

图 3.22　司机制动优先下的 ATP 动作原理

命令行车。若仅 BTM 失效，ATP 车载设备提供机车信号，可人工转换为 LKJ 控制列车（装备 LKJ 监控设备的车组）。

⑦ 待机模式（SB）

当列控车载设备上电，执行自检和外部设备测试正确后自动处于待机模式，车载设备禁止列车移动。司机开启驾驶台后，列控车载设备中的 DMI 投入正常工作。

2）CTCS-3 级列控车载设备的构成

车载设备采用分布式机构。设备包括车载安全计算机（VC）、GSM-R 无线通信模块（RTM）、轨道电路信息接收单元（TCR）、应答器信息接收模块（BTM）、记录器（JRU）、人机界面（DMI）、列车接口单元（TIU）等。其总体结构如图 3.23 所示。

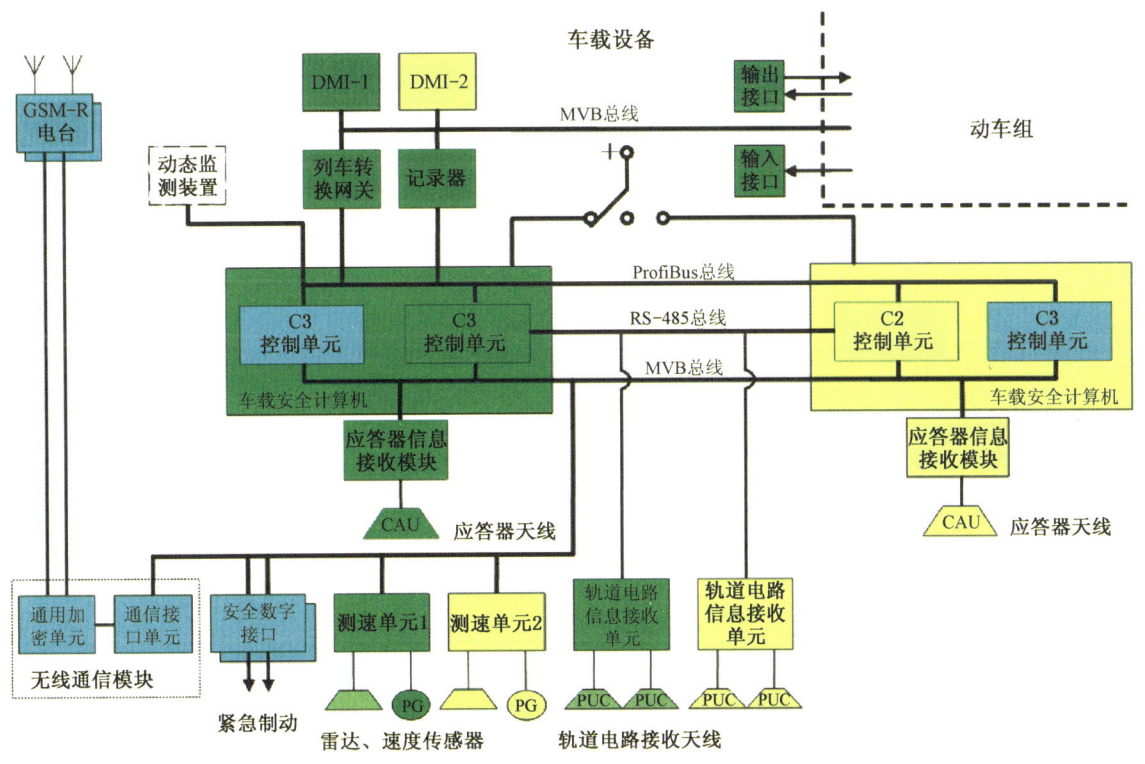

图 3.23　CTCS-3 车载设备总体结构图

（1）设备配置

车载设备与动车组的接口采用继电器或 MVB 总线方式。

车载设备中的车载安全计算机（VC）、应答器信息接收模块（BTM）、安全输入输出接口（VDX）、轨道电路信息接收单元（TCR）、测速测距单元（SDU）、人机界面（DMI）等关键设备均采用冗余配置。

车载安全计算机中的 CTCS-3 控制单元和 CTCS-2 控制单元独立设置：CTCS-3 控制单元负责在 CTCS-3 线路正常运行时的核心控制功能；CTCS-2 控制单元负责后备系统的核心控制功能。

300 公里/小时动车组不装设列车运行监控装置（LKJ）。

（2）设备功能

CTCS-3 级列控车载设备负责接收地面数据命令信息，生成速度模式曲线，监控列车运行，保证列车运行安全。

CTCS-3 级列控车载设备应具有以下基本功能：

● 自检功能

车载设备启动时首先要进行系统自检以确认设备是否有效。自检包括：测试常用制动、紧急制动命令能否正确输出，测试 TCR 完好，测试 DMI 显示等。车载设备的自检完成后能够在 DMI 上显示自检结果。

● 数据输入和存储

车载设备能够记录外部输入的列车参数以及发生变化的时间，记录存储的列车参数包括：

① 车次号，由司机手动输入并存储。

② 司机 ID 号，由司机手动输入并存储。

③ 列车长度，由司机手动输入并存储。

④ 列车类型，司机通过菜单选择并存储，未选择时采用默认值。

⑤ 列车最大允许速度（结构速度），司机通过菜单选择并存储，未选择时采用默认值。

⑥ 列车装载限界，司机通过菜单选择并存储，未选择时采用默认值。

⑦ 列车轴重，司机通过菜单选择并存储，未选择时采用默认值。

⑧ 列车供电类型，司机通过菜单选择并存储，未选择时采用默认值。

⑨ 应答器天线 1 距离车头的距离，司机手动输入并存储，未选择时采用默认值。

⑩ 应答器天线 2 距离车头的距离，司机手动输入并存储，未选择时采用默认值。

● 界面显示

列控车载设备提供显示和操作界面 DMI，安装在司机便于操作和观察的位置，为司机提供驾驶过程的参考信息。

DMI 显示格式采用前铁道部统一的技术标准，满足 CTCS-3 级系统显示、兼容 CTCS-2 级系统显示的要求。

● 信息接收及发送

① 在 CTCS-3 级模式下：车载设备通过 GSM-R 无线通信系统向 RBC 发送司机选择输入和确认的数据（如车次号、列车长度），列车固有性质数据（列车类型、列车最大允许速度、牵引类型等），车载设备在 RBC 的注册、注销信息，定期向 RBC 报告列车位置、列车速度、列车状态（正常时）和车载设备故障类型（非正常时）信息，列车限制性信息以及文本信息等。同时，车载设备接收 RBC 发送的行车许可（包括车载设备识别号、目标距离、目标速度，以及可能包括的延时解锁相关信息、防护区相关信息、危险点相关信息）、紧急停车（无条件紧急停车和有条件紧急停车）、临时限速、外部报警信息以及文本信息等。

车载设备通过应答器获取列车的位置信息。

② 在 CTCS-2 级模式下：BTM 接收无源应答器的列车定位信息和一定范围内的线路参数，以及有源应答器的进路线路

107

参数信息和临时限速信息。

车载设备的轨道电路信息读取模块具有接收多个载频的功能，并从中解调出低频信息。

● 静态曲线比较

车载设备根据列车数据和线路数据生成静态列车速度曲线。静态曲线考虑线路速度等级、线路允许速度、列车的限制速度等计算得到线路所有位置的列车允许速度。

● 动态曲线计算

车载设备考虑列车运行的各种限制生成动态列车制动模式曲线。动态曲线包括常用全制动曲线和紧急制动曲线。计算动态列车制动模式曲线的公式和参数经过评估，在保证安全的前提下尽量优化制动曲线，减少制动距离。

● 列车定位

车载设备具有确定列车位置的功能。该功能是依据地面应答器收到的信息并以此为基准点通过测速单元等设备测量列车运行距离来获得列车位置。计算列车位置时要考虑测速设备的误差。车载设备应定时向 RBC 报告列车位置。

● 速度的测量和显示

车载设备通过安装在车轮上的速度传感器和安装在车体的雷达能够实时测试列车的运行速度，测速单元把速度传感器和雷达的输入进行测量和逻辑运算，得到列车的实际速度，并把列车运行速度送至主机模块，同时通过 DMI 向司机显示。

● 行车许可和限速命令显示

车载设备根据得到的行车许可和限速命令，通过 DMI 向司机显示目标距离、允许速度，还可以运用声音提示等方式向司机进行报警，提供给司机足够的显示信息，方便司机驾驶。

● 行车许可和限制速度的监督

车载设备允许司机以最大安全速度行驶，保证列车在静态和动态速度模式曲线监督下安全运行。当列车速度超过报警速度值时向司机报警，报警持续到实际速度低于允许速度为止；

列车速度超过常用制动速度值时，车载设备实施常用制动直到实际速度低于缓解速度，此后可以由设备或司机选择缓解常用制动。如果常用全制动失效列车速度超过紧急制动速度值，车载设备实施紧急制动，列车停稳后司机才能缓解紧急制动。

● 司机操作的监督

某些情况下车载设备要求司机在一定间隔（时间或距离）内应答。如果在规定的间隔未接收到司机的应答信息，则以声音形式向司机报警；如果司机在报警后的一定时间内未做出响应，车载设备实施紧急制动，直到列车停稳后方可缓解紧急制动。当列车在完全监控方式时，该监督功能可以取消。

● 溜逸防护

为防止列车溜逸，车载设备监视列车的运行方向和当前运行状态。当列车发生溜逸，车载设备实施紧急制动，该制动只能在列车停车后才能由司机缓解。

● 信息记录

车载设备将输入的数据、接收的数据和计算的数据进行信息记录，所有记录的数据与统一时钟和位置参考点对应；记录数据可以通过标准输出接口转储到其他介质上以便分析。

● 自动过分相

车载设备能根据地面设备提供的数据提供前方过分相信息。

● 站名和公里标显示

车载设备能根据地面所提供信息来显示当前车站站名和固定点公里标信息。

● 在非 CTCS-2/CTCS-3 级区段运行功能

在没有装备 CTCS-2/CTCS-3 级地面设备而具有 ZPW-2000 轨道电路的区段，列控车载设备支持以机车信号模式（CS）行车。

● 特殊行车功能

车载设备支持使用有重联控制装置的多机牵引。使用多机

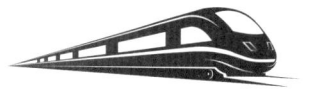

牵引时，不必隔离正在工作的牵引单元上的车载设备，但该牵引单元的列车冒进防护功能被禁止，车载所接收的信息不影响正在工作的牵引单元操作；用于全体乘务人员、维护人员的信息，可在本务机车司机室外的其他司机室 DMI 上显示。

- 其他防护功能

① 紧急停车：遇到紧急情况时，司机将紧急消息通过无线发送给 RBC，RBC 自动将该消息发送给正接近报警地点的列车。列车司机在 5 秒内确认收到的紧急报警信息并决定安全停车的地点，否则设备将实施紧急制动。

② 施工防护：列车收到地面施工信息后可执行施工防护。施工信息包括施工地段的位置、长度、速度限制等基础数据。列车通过施工地段的速度受到监督，直到列车全部通过施工地段前，列车速度不能超过限制速度。

③ 进路适应性防护：车载设备能将列车实际与为列车建立的进路的基础数据比较，以确定列车能否在该进路运行。只有符合进路要求的列车才能在该进路上运行，列车在禁止运行的进路外方停车。

（3）主要工作模式

CTCS-3 级列控车载设备（含 CTCS-2 级功能）有 9 种主要工作模式。其中通用的模式有完全监控模式（FS）、目视行车模式（OS）、引导模式（CO）、调车模式（SH）、隔离模式（IS）、待机模式（SB）和休眠模式（SL）等 7 种模式；仅适用 CTCS-2 级的模式有部分监控模式（PS）和机车信号模式（CS）。

- 完全监控模式（FS）

当车载设备具备列控所需的全部基本数据（包括列车数据、行车许可和线路数据等）时，列控车载设备生成目标距离连续速度控制模式曲线，并通过人机界面（DMI）显示列车运行速度、允许速度、目标速度和目标距离等信息，监控列车安全运行。

- 目视行车模式（OS）

当地面设备故障、列控车载设备显示禁止信号且列车停车后需继续运行时,根据行车管理办法,经司机操作,列控车载设备按固定限制速度 40 公里/小时监控列车运行,列车每运行一定距离(300 米)或一定时间(60 秒)司机需确认一次。

● 引导模式(CO)

当开放引导信号或出站信号机开放且列车前端距离出站信号机较远(大于 250 米)发车时,列控车载设备生成目标距离连续速度控制模式曲线,并通过 DMI 显示列车运行速度、允许速度、目标速度和目标距离等。车载设备按固定限制速度 40 公里/小时监控列车运行,司机负责在列车运行时检查轨道占用情况。

● 调车模式(SH)

当进行调车作业时,司机按压调车按钮,列控车载设备按固定限制速度 40 公里/小时(顶棚)监控车列前进或折返运行。

当工作在 CTCS-3 级时,经 RBC 同意,列控车载设备转入调车模式(SH)后与 RBC 断开连接,退出调车模式(SH)后再重新与 RBC 连接。

● 隔离模式(IS)

当列控车载设备停用时,需在停车情况下,经操作隔离列控车载设备的制动功能。在该模式下,车载设备不具备安全监控功能。列控车载设备应能够监测隔离开关状态。

● 待机模式(SB)

当列控车载设备上电时,执行自检和外部设备测试正确后自动处于待机模式,车载设备禁止列车移动。

当司机开启驾驶模式,列控车载设备中的 DMI 投入正常工作。

● 休眠模式(SL)

该模式用于非本务端列控车载设备。在该模式下,列控车载设备仍执行列车定位、测速测距、记录等级转换及 RBC 切换信息等功能。

列车立折,非本务端升为本务端后,车载设备可自动进入正常工作状态。

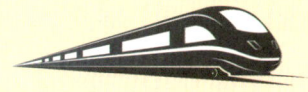

- 部分监控模式（PS）

该模式仅用于CTCS-2级控车。在CTCS-2级，当车载设备接收到轨道电路允许行车信息，而缺少应答器提供的线路数据时，列控车载设备产生一定范围内的固定限制速度，监控列车运行。

- 机车信号模式（CS）

该模式仅用于CTCS-2级控车。当列车运行到地面设备配置未装备CTCS-3/CTCS-2级列控系统的区段时，根据行车管理办法（含调度命令），经司机操作后，列控车载设备按固定限制速度80公里/小时监控列车运行，并显示机车信号。当列车越过禁止信号时触发紧急制动。

（4）车载设备接口

车载设备内部接口：人机界面接口、速度传感器接口、雷达接口、运行记录单元接口、与轨道电路信息处理接收器接口、应答器信息处理接收器接口、GSM-R无线通信器接口等。

车载设备外部接口：动车组接口、GSM-R接口、动态检测接口、应答器接口、轨道电路接口、司法记录器下载接口、电源接口等。

5. GSM-R 通信网络

GSM-R由移动交换中心（MSC）、基站控制器（BSC）、基站（BTS）、光传输设备（OTE）、移动终端（MT）、码型转换和速率适配单元（TRAU）等组成。

GSM-R核心网包括移动交换子系统、GPRS子系统、智能网子系统，应按照全路核心网规划建设，各条客运专线接入相关节点。

1）网络冗余覆盖技术

GSM-R无线网络采用交织冗余覆盖方案，排序为奇数（1、3、5……）或偶数（2、4、6……）的基站达到的覆盖部分均能够满足系统规定的QoS指标。这种覆盖结构在单点（单个基站或单个直放站远端机）故障的情况下仍然能够满足

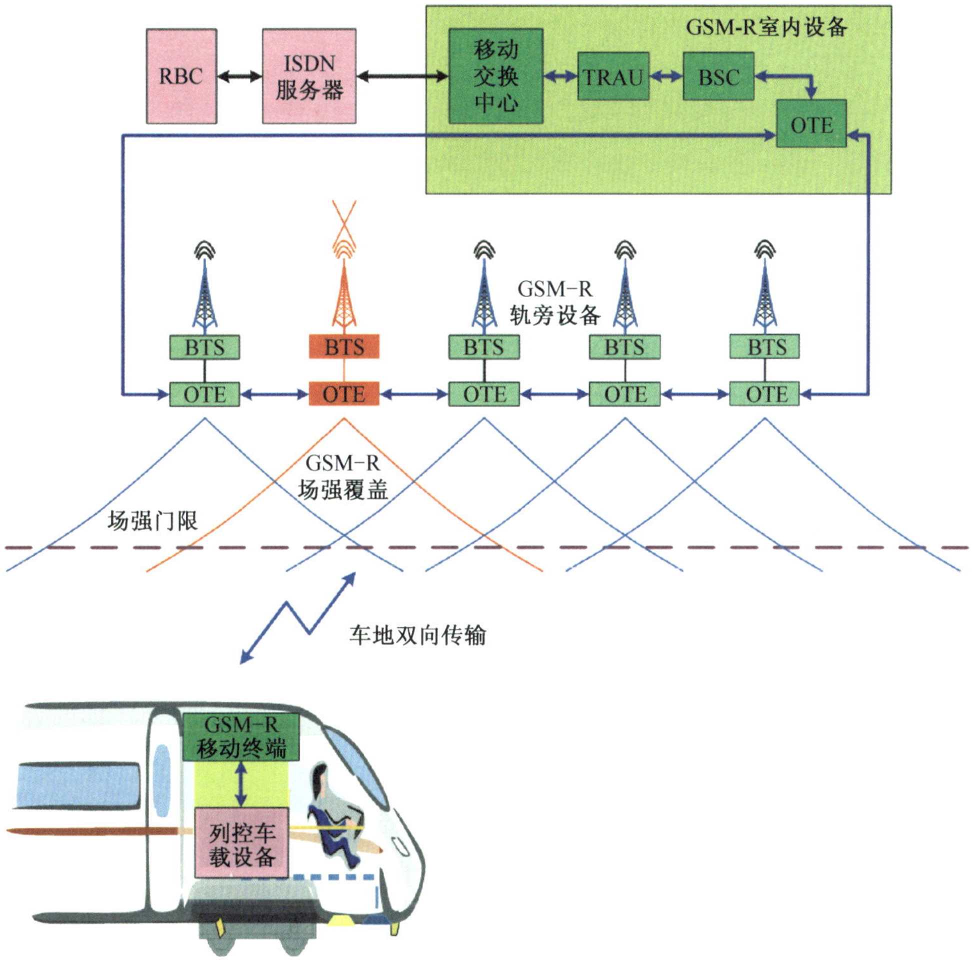

图 3.24　GSM-R 网络冗余覆盖示意图

系统规定的 QoS 指标。其交织冗余覆盖示意图如图 3.24 所示。

切换区长度及位置需满足《铁路 GSM-R 数字移动通信系统工程设计暂行规定》中相关规定。

基站频率配置应满足各类业务正常应用的需求，在两个 RBC 交界区域，还应考虑从一个 RBC 向另一个 RBC 切换时每列车双移动终端使用的容量需求。

2）高速条件下无线通信的可靠性技术

为满足《铁路 GSM-R 数字移动通信系统工程设计暂行

规定》中相关规定，列控系统每列车需要占用 1 个无线信道（RBC 间切换时占用 2 个）。对于大型车站，由于停靠、通过的列车数量较多，需要占用大量的无线信道资源。

其传输系统满足《铁路 GSM-R 数字移动通信系统工程设计暂行规定》中相关规定。

其主要技术参数：

① 移动台发起的连接建立时间：< 8.5 s（95%），≤ 10 s（100%）；

② 连接建立失败概率：< 10^{-2}；

③ 最大端到端传输时延（30byte 用户数据块）：≤ 0.5 s（99%）；

④ 连接丢失概率：≤ 10^{-2}/h；

⑤ 传输干扰时间 t_{TI}：< 0.8 s（95%），< 1 s（99%）；

⑥ 传输无差错时间（传输恢复时间）t_{REC}：> 20 s（95%），> 7 s（99%）；

⑦ 网络注册时延：≤ 30 s（95%），≤ 35 s（99%），≤ 40 s（100%）。

GSM-R 为车载台和 RBC 的数据传输提供下列 3 种承载业务：

① 2.4kbps 异步、透明、V.110 速率适配；

② 4.8kbps 异步、透明、V.110 速率适配；

③ 9.6kbps 异步、透明、V.110 速率适配。

在满足需求的情况下，列控系统应该选择速率较低的承载业务，以提高数据传输的抗干扰性和可靠性。

CTCS-3 级车载设备与 RBC 之间使用 GSM-R 交换信息，为了保证通信安全（对发送端/接收端以及数据完整性的认证），CTCS-3 级车载设备与 RBC 之间需要使用密钥。

在通信开始时，发送端和接收端通过认证（自动识别和认证程序），交换的数据通过使用信息认证码受到保护。

密钥管理中心（KMC）负责密钥的生成和分配。

6. 信号数据传输网络

信号数据传输网络由 RBC/ 联锁安全数据通信以太网、TCC/ 联锁安全数据通信局域网、CTC 数据通信以太网、信号监测数据通信以太网构成，实现联锁、列控、CTC、监测系统间的安全数据通信和非安全数据通信。

1）联锁安全数据通信以太网（RBC）

联锁安全数据通信以太网（RBC）是由专用光缆构成的、满足信号安全信息传输要求的冗余工业以太网，用于实现 RBC 与车站联锁设备、RBC 与邻线 RBC 之间的信息交换。

2）联锁安全数据通信局域网（TCC）

联锁安全数据通信局域网（TCC）是由专用光缆构成的信号安全信息传输专网，用于实现车站联锁设备与 TCC 之间、车站联锁设备之间、TCC 之间的信息交换。组网方案如图 3.25 所示。主要技术参数：

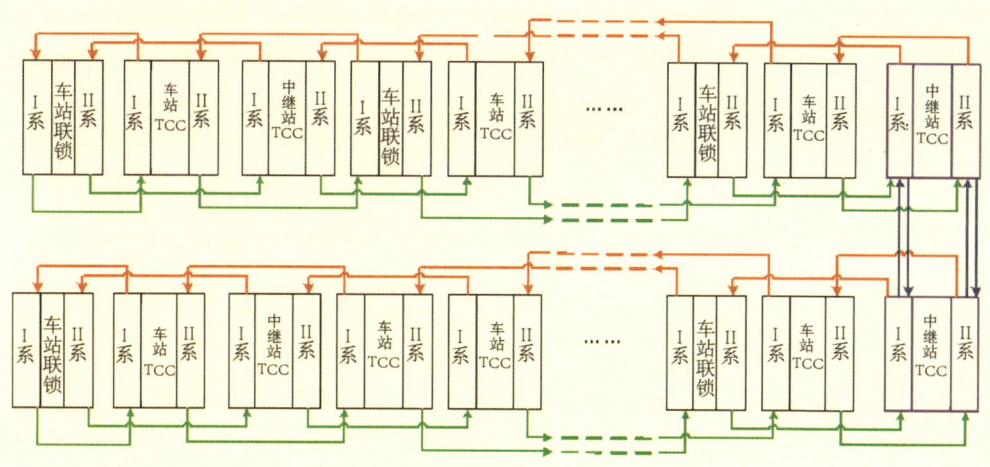

图 3.25　安全数据网组网示意图

① 局域网回线由 L 回线和 R 回线双重构成；
② 局域网发送数据长为 4K 字节；
③ 双系装置系统周期范围：200～400 毫秒。

3）数据通信以太网 CTC

CTC 系统独立组网，分别采用通信数据网提供的站间光纤和 2M 专用数字通道，用于 CTC 调度中心与车站分机之间的信息传输。组网方案如图 3.26 所示。

CTC 系统设计为双网，包括调度中心的双局域网、车站的双局域网、车站之间的双光纤通道网络、调度中心与抽头站间的双 2M 数字通道网络、车站与相关段所间的双 2M 数字通道网络等。

每个车站配置双交换机和光纤接入设备，连接站间光纤。

抽头站配置路由器和协议转换器，连接去调度中心（和相关段所）的数字通道。

调度中心配置路由器和协议转换器，连接去车站的数字通道。

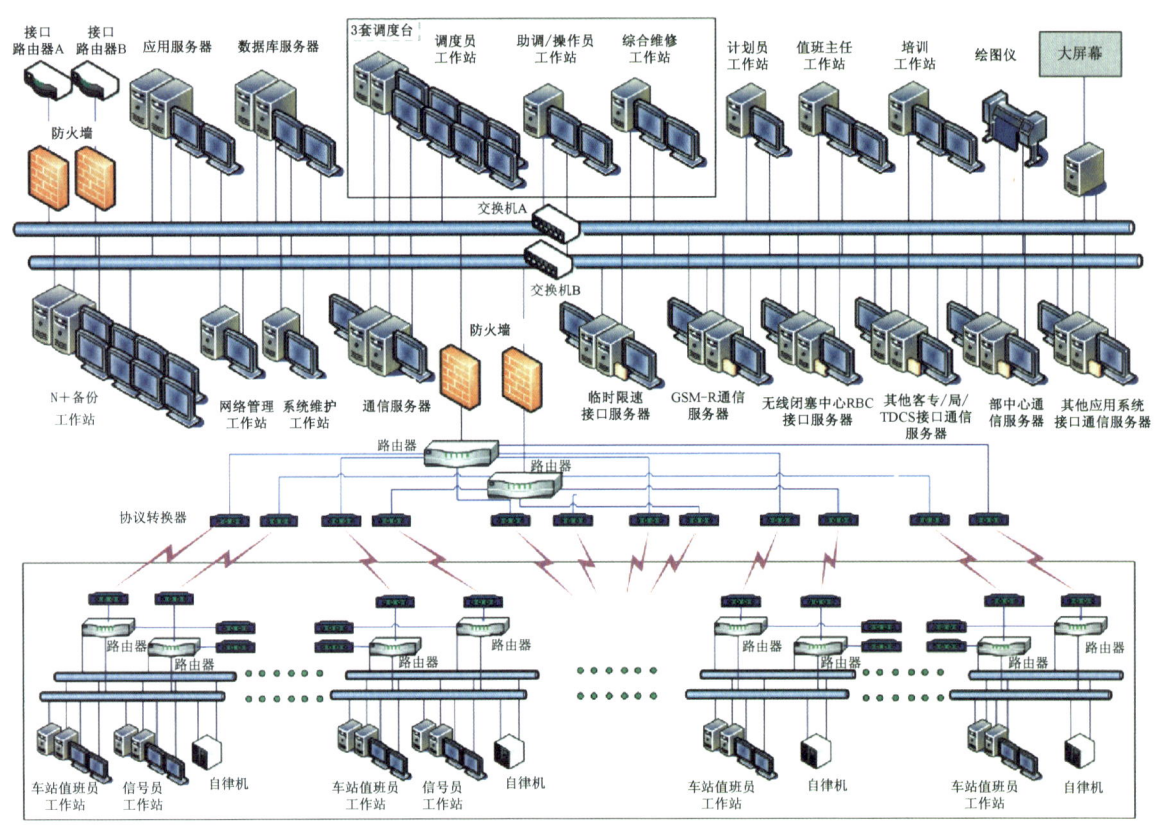

图 3.26 CTC 网络结构示意图

相关动车段所配置路由器和协议转换器，连接去相关车站的数字通道。

4）信号监测数据通信以太网

信号监测数据通信以太网采用通信数据网提供的 2M 专用数字通道，用于微机监测系统的信息传输。

信号集中监测系统独立组网，设计为单网，包括综合维修段的局域网、车站的局域网、综合维修工区和调度所的监测终端局域网、车站间的 2M 数字通道网络、综合维修段与抽头站间的 2M 数字通道网络、终端与车站间的 2M 数字通道网络等。

每个车站配置路由器和协议转换器，构成车站间以太网。

综合维修段配置路由器和协议转换器，构成综合维修段与抽头车站间的以太网。

终端系统配置路由器和协议转换器，构成终端与相关车站或综合维修段间的以太网。

四、分散自律调度集中系统（CTC）

1. 分散自律调度集中系统（CTC）的功能和系统构成

分散自律调度集中系统是综合了计算机技术、网络通信技术和现代控制技术，采用智能分散自律设计原则，以列车运行调整计划控制为中心，兼顾列车与调车作业的高度自动化的调度指挥系统。

所谓"分散自律"是指"信息集中、控制分散"系统。它通过在各车站设置车站自律机，接收调度员下达的阶段调整计划自主执行。即使车站与调度中心的通信中断，车站也可以根据先前收到的阶段计划继续指挥行车，而不至于导致停车，从而影响行车效率。

分散自律调度集中实现了行车指挥的自动化、现代化，有效地提高了铁路运输的生产效率，实现了作业量少的车站运输

指挥的无人化，具有减员增效的显著作用。

CTC 系统基本功能：

（1）实时监视站场信号设备和列车运行状态，实现站间和区段透明显示；

（2）追踪列车运行位置和到发时刻，自动描绘列车实迹运行图；

（3）利用计算机辅助编制和调整列车运行计划，实现调度指挥计算机化；

（4）通过系统网络向车站下达计划和调度命令；

（5）通过系统网络和无线通信向机车下达调度命令、调车作业单、行车凭证和接车进路预告等信息；

（6）自动编制车站行车日志，生成运统 2 和运统 3 报表；

（7）追踪列车编组状态；

（8）远程控制所有联锁设备按钮，具备列车、调车和非正常作业人工遥控功能；

（9）按照列车运行计划和车站《车站行车工作细则》，由自律机自动自主控制列车进路；

（10）按照调车作业计划，由自律机根据机车请求和列车运行状况，自动自主控制调车进路，并对调车状况进行监控和报警；

（11）实现维修作业的综合管理和远程登、销记；

（12）具有完备的网络安全防护功能；

（13）实现 TMIS 和 TDCS 的结合和信息交换。

调度集中系统由调度中心系统、车站系统、网络通信系统三部分构成，系统结构如图 3.27 所示。

● 调度中心系统的主要功能为：制定、调整和下达列车阶段计划，维护实迹运行图，下达调度命令，与相邻区段列车调度员交换信息以及实时监视管辖范围内车站信号设备状态及列车运行位置等。

● 车站系统主要完成进路选排、冲突检测、控制输出等

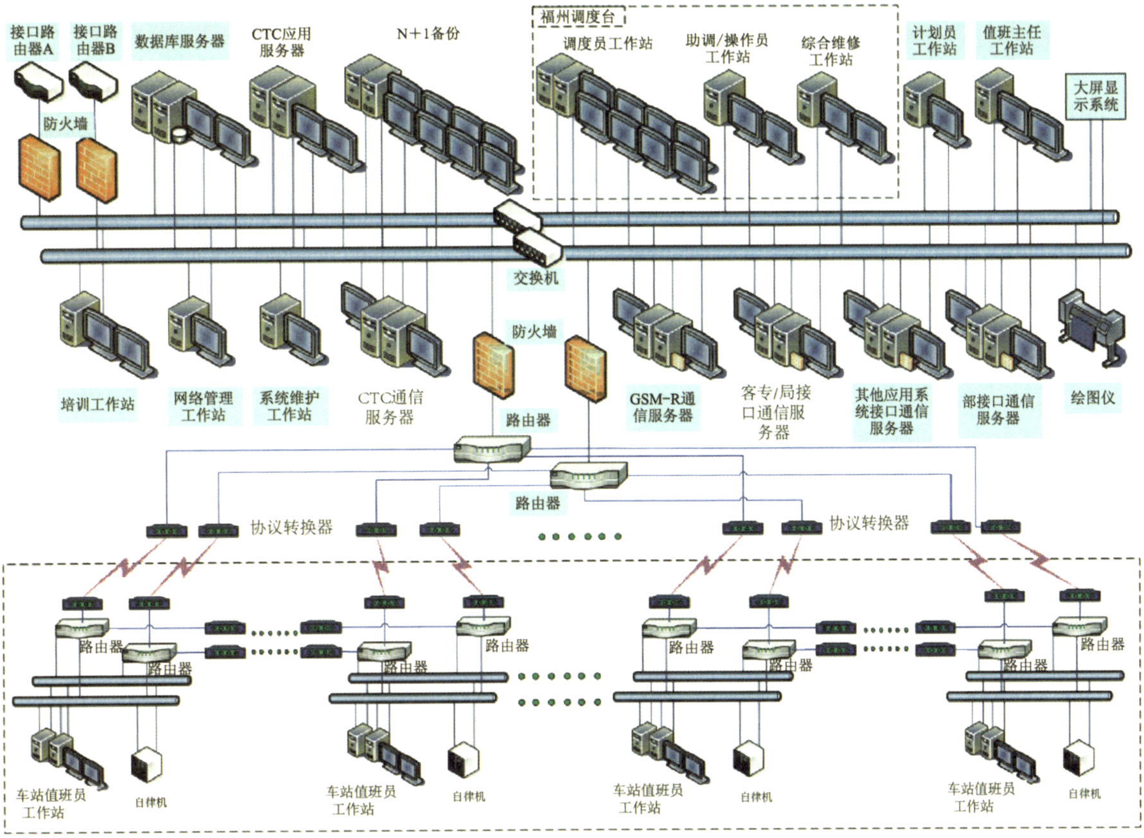

> 第三章 中国高速列车运行控制系统原理和组成

图 3.27　CTC 系统结构图

核心功能。车站子系统采用局域网与调度中心和邻站通过广域网连接。自律机是调度集中系统的车站核心设备，其主要功能为：接收调度中心的列车运行计划、适时生成进路序列，并根据计划指示、列车位置等条件自动触发驱动联锁系统执行；接收调车作业计划，适时生成进路序列，根据调车组的无线申请和车列位置自动触发驱动联锁系统执行；接收调度中心和车站值班员的进路序列操作指令，对已形成的待执行的进路序列进行修改；接收调度中心和车站值班员的直接控制操作指令（按钮命令），经与列车计划以及联锁关系检查后，确认无冲突后驱动联锁系统执行；车次跟踪、无线车次校核、人工车次确认处理等。

119

● 网络通信系统由三部分构成：调度中心网络系统、车站网络通信系统、无线网络通信系统。调度中心网络系统为中心局域网。车站网络通信系统包括车站局域网和车站基层广域网，车站基层广域网连接调度中心局域网和各车站局域网。无线通信网络系统包括无线车次号校核、系统无线调度命令系统、无线调车机车监控系统。

2．调度集中系统控制模式

调度集中系统的控制模式包括分散自律控制模式和非常站控模式。

1）分散自律控制模式

由 CTC 中心以技术手段将列车运行调整计划下达给所辖各站的自律机。

在分散自律控制模式下，CTC 中心具备人工办理列车、调车进路，车站具备人工办理调车进路的功能。对于区段站和编组站等作业量大且复杂的车站，将列车进路的办理及操作权限也设置在车站。

分散自律控制模式下的操作方式分为三种，分别为中心操作方式、车站调车操作方式和车站操作方式。

① 中心操作方式，指 CTC 中心负责该站的列车控制和调车控制，助理调度员负责该站所有的作业。一般在无人站使用这种方式。

② 车站调车操作方式，指 CTC 中心负责该站的列车控制，车站负责该站的调车控制。调度员制订列车运行调整计划，安排车站的股道运用；车站制订调车计划，办理调车进路。一般在有人站使用这种方式。

③ 车站操作方式，指调度员负责列车运行计划的调整和下达，车站可以修改列车运行调整计划的内容，包括接发车顺序、到发线、进路始终端按钮、进路被触发的方式（自动或人工）等，车站人员可以直接操作列车按钮；车站制订调车计划，办理调车进路。这种操作方式与前两种操作方式的根本区

别在于，车站值班员是否能够修改列车进路指令信息（含接发列车股道、进路始终端按钮等），以及是否具备人工直接操作列车按钮的权利。

2）非常站控模式

所谓非常站控，就是在非正常情况发生时，将分散自律调度集中系统的控制模式转为在联锁操作台上通过操作按钮办理进路的控制方式。相对于分散自律控制模式而言，此时联锁系统将不接收分散自律调度集中输入的命令。

3）模式转换

分散自律控制模式转为非常站控模式是无条件的。分散自律控制模式下，当发生紧急情况时，通过按下联锁操表机上"非常站控"按钮，可以将CTC的控制模式转为非常站控模式。非常站控模式下，满足一定条件时，通过再次按下联锁操表机上"非常站控"按钮，可以将CTC的控制模式转为分散自律控制模式。

此外，调度集中系统的分散自律控制模式还能下达列车进路指令。

1）指令的生成

列车运行调整计划中必须包括下列信息，自律机才能自动生成列车进路指令：车次号、站名和出入口号、股道号、列车的到发时刻、始发终止标志。

自律机根据列车运行调整计划，综合考虑列车性质和等级、超限级别、列车长度、机车类型、股道用途、股道有效长、道岔曲股进路的最大允许速度等因素，自动生成每一趟列车的接车进路指令和发车进路指令。所有按列车运行调整计划生成的列车进路指令保存在自律机存储器中，等待执行时机，时机一到，经过自律检查通过后，将指令转变为命令下达给联锁系统执行。

2）指令的修改

（1）依据列车运行调整计划自动生成的进路指令序列，允

许人工编辑修改股道、进路始终端按钮、变更按钮以及坡道延续按钮等。接车进路中,股道和终端按钮是相互关联的,股道一经修改,进路的终端按钮会随之自动修改;或者是终端按钮一经修改,进路的股道会随之自动修改。发车进路中,股道和始端按钮是相互关联的。

(2)"自触"标记的修改。为了保证控制的灵活性,为每一条指令设置一个"自触"开关,默认情况下开关为"开"状态,表示该条指令为自动触发(自动控制)状态,即规定触发时机一到,自律机经过自律检查后就向联锁系统下达控制命令;开关为"关"时,表示该条指令为人工触发(非自动控制)模式,"自触"开关的"开"或"关"状态均可由人工进行干预。

3)列车进路控制方式

列车进路的排列有三种方式:人工办理列车进路、人工触发命令、自动触发命令。无论是哪种方式都要通过自律运算。只有通过自律检查后的按钮命令,才会向联锁系统输出。

五、计算机联锁(CBI)

1. 计算机联锁的系统组成

计算机联锁是一种运用计算机对车站值班员的操作命令及现场表示信息进行逻辑运算,从而对信号机及道岔等实现集中控制的车站联锁设备。计算机联锁系统以计算机技术、控制技术和通信技术为基础,通过软件实现了信号、道岔和进路三者之间的联锁关系。由于实现了从有接点到无接点的变革,它使联锁设备更加小巧可靠。高速铁路中计算机联锁系统不再是孤立的车站信号控制系统,而是与列车控制系统、CTC系统融合在一起,共同完成列车运行安全保障和指挥行车的任务。计算机联锁分为表示层、联锁运算层、执行控制层和现场设备接口层。

计算机联锁系统(图3.28)基本功能包括:

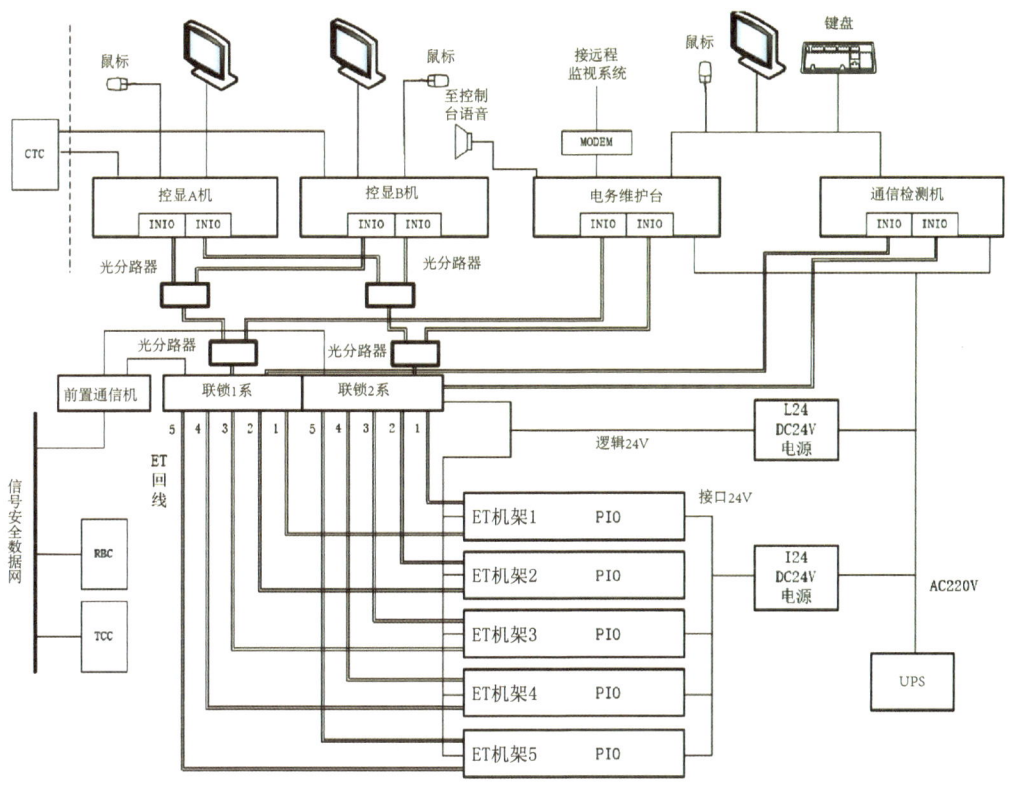

图 3.28　计算机联锁系统构成图（DS6-K5B）

1）操作界面和人机接口功能

① 对值班员的所有操作进行提示、处理并记录，接收值班员的有效操作命令，向主控系统发出相应的执行命令；

② 接收主控系统提供的站场表示信息，向值班员提供站场图像的实时显示；

③ 向值班员提供整个系统的工作状态信息、报警信息和简要的故障信息；

④ 记录系统的全部操作和运行信息；

⑤ 向辅助系统提供记录信息，与其他必要的信息系统接口。

2）联锁逻辑运算和控制命令输出

① 完成系统调度及设备间的通信；

② 采集现场信号设备状态信息；

③ 完成站场结构静态数据描述；

④ 根据控制台的操作命令进行选路联锁运算；

⑤ 实现进路锁闭功能、对信号开放条件、进路解锁功能检查；

⑥ 通过输出接口继电器，对道岔和信号机进行控制驱动。

3）主控系统与现场设备输入输出接口

4）电务维修操作和微机监测系统接入

① 站场状态的跟踪与回放，操作命令记录与故障记录；

② 远程诊断功能；

③ 监控系统时钟调校功能；

④ 与其他信息系统接口功能。

高铁的车站、线路所、动车段（所）应采用计算机联锁。车站、线路所采用的二乘二取二计算机联锁、动车段（所）可采用双机热备的计算机联锁。属于二乘二取二计算机联锁的有TYJL-ADX、EI32-JD、DS6-K5B 和 iLock 型。

在高铁中使用的计算机联锁必须具备与 CTC/TDCS、RBC（在采用 CTCS-3 级列控系统时）、TCC、CSM（信号集中监测系统）等系统接口的能力。铁路信号计算机联锁控制系统将向低成本、高效率、高安全、高可靠及信息化、智能化、网络化和综合自动化的方向发展。

(1) 控制台

控制台由控显双机和车站值班员办理行车作业的操作和显示设备组成（图 3.29）。操作设备可以选择按钮操纵盘、鼠标或数字化仪。显示设备可选用图形显示器或单元式表示盘。采用单元控制台时可选用日本京三公司生产的高可靠性 MMIF 电路完成按钮采集和表示驱动。MMIF 电路采用双重系并行工作，可以实现系统不间断运行的情况下，带电拔插维护。

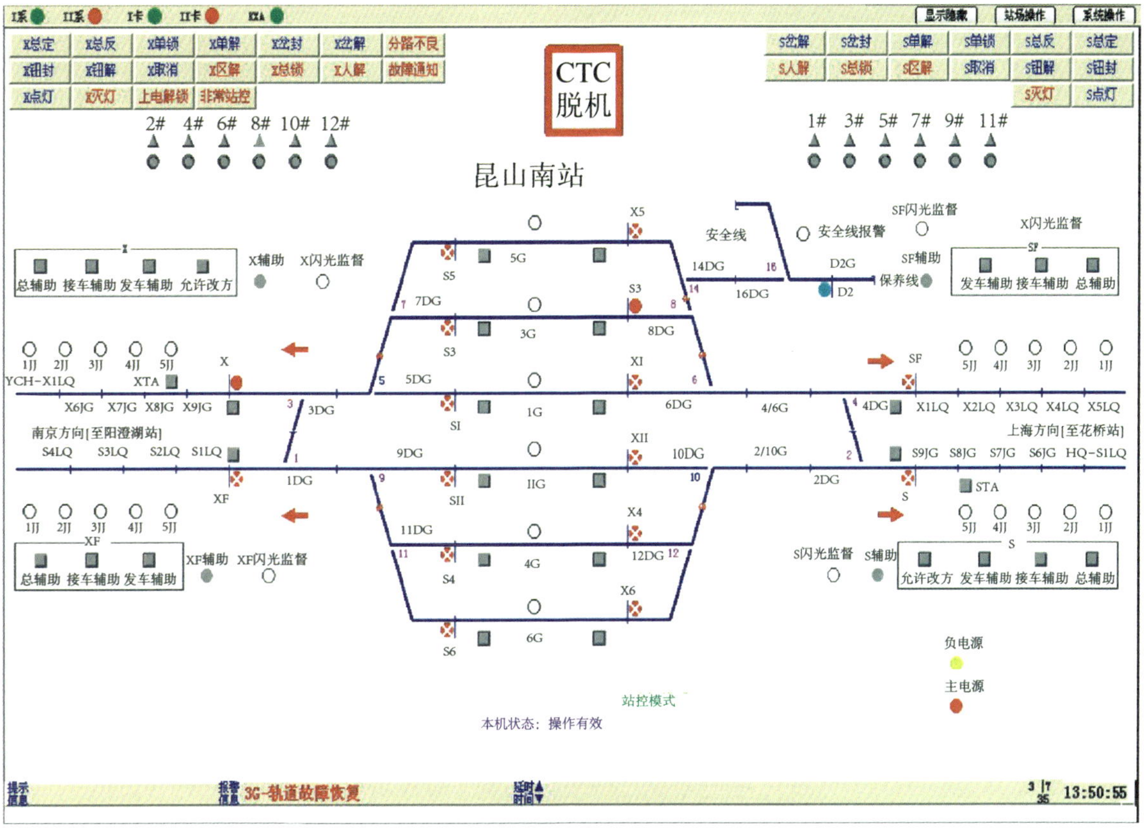

图 3.29　控制台界面

每一台控显机内安装了两个采用光缆连接的串行通信接口板，用于同联锁机的二重系通信。控显双机的工作方式为双机热备，无扰切换。控显机转换箱用于控制台操作显示设备与控显双机之间的转换。控显机配备专用 CTC 通信接口，具有与分散自律型调度集中系统结合的功能。

（2）维护台

电务维护台设备包括：监测机、键盘、显示器、打印机。监测机内安装两个采用光缆连接的串行通信接口板，用于与联锁机二重系通信，从联锁双机取得联锁系统维护信息。监测机通过串行通信接口可从微机监测前置机取得模拟量检测信息。电务维护人员可以通过键盘、显示器、打印机

查询或打印输出各类监测信息。监测机通过通信接口可以与 DMIS 等其他系统结合，监测机还具有远程监测和维护的功能。

（3）联锁机

联锁机由二重系组成，以主从方式并行运行。每一系采用故障-安全的双 CPU 处理器，两系之间通过并行接口（FIFO）建立的高速通道交换信息，实现二重系的同步和切换。联锁机每一系通过计算机联锁系统（FSIO）各用一对光缆经过光分路器与控显双机相连，使联锁的每一系都能够分别与两台控显机通信。联锁机每一系用一对光缆分别与监测机的两个光通信接口相连，联锁机每一系的维护信息分别送到监测机。

联锁机每一系有 5 个连接电子终端的通信接口 FSIO，每个通信接口最多可连接三个电子终端机架。联锁机主、从系各自执行全部处理功能。联锁机主系在每个处理周期的启始时刻向从系发出同步信号，令从系与主系保持周期同步。联锁机主、从系交换处理结果，从系取与主系一致的结果输出。

（4）电子终端

输入输出接口称为电子终端（electronic terminal）。电子终端是采用故障-安全型双中央处理器（FSCPU）构成的智能控制器。电子终端的输出电路按故障倒向安全的原则设计，输入采集电路通过有效的自检测功能，能够检测出输入电路的故障，保证输入信息的安全性。因此输出驱动和输入采集均采用静态方式，直接驱动安全型继电器。简化接口电路设计，方便系统维护。

电子终端也是二重系结构，安装在 ET 机笼内。每个 ET 机笼内安装一对 ET LINE 通信模块，并用二根两芯光缆与联锁二系的 F107［P］接口的一个 ET NET 线路连接。每个 ET 机笼内可安装五对电子终端（ET-PIO），每个电子终端带有 32 路输入和 32 路输出。联锁机 FSIO 接口最多可连接

5个ET NET 线路，每个ET NET 线路最多可以连接3个ET机笼。

（5）电源

AC220V 部分：接入电源屏送来的 AC220V 微机电源，经过电源柜内的两台 UPS、一台冗余转换器、一个电源控制箱（或电源控制装板）完成三重冗余供电，保证系统供电的高可靠性。

DC24V 部分：包括四台 24 伏直流稳压电源，按照其承担负载性质的不同分为逻辑电源和接口电源，两类电源分别由两台直流稳压电源并联供电（站场规模大时采用三台逻辑电源并联供电），保证每一类电源有一台发生故障时不影响该类电源所带负载的供电。

2. 计算机联锁系统与其他高铁信号系统的接口

计算机联锁系统（CBI）作为现场的基础信号设备，主要用来控制站内的道岔，为进、出站的列车提供安全的进路。CBI 主要接收 CTC 发来的排列进路命令，为列车准备好进路；然后把进路信息传给 TCC 或者 RBC，并同时把采集到的现场设备的状态信息发给 CSM。计算机联锁系统提供了与 TCC、RBC、邻站联锁、CTC、微机监测（CSM）等的接口，接口示意图如图 3.30 所示。

1）与 TCC 的接口

客运专线 DS6-K5B 型计算机联锁系统提供了与 TCC 的接口；TCC 与联锁间采用 RJ45 以太网接口连接，设备与通信网络均按冗余配置，TCC 与联锁之间数据传输采用 UDP 协议。

DS6-K5B 型计算机联锁主要负责向 TCC 发送联锁进路信息、区间方向控制命令、进站信号机灯丝断丝信息、调车信号机状态等信息；联锁系统主要接收 TCC 发来的区间方向表示信息、区间闭塞分区状态信息、信号降级命令、离去区段防护信号机灯丝断丝信息、灾害防护等信息。

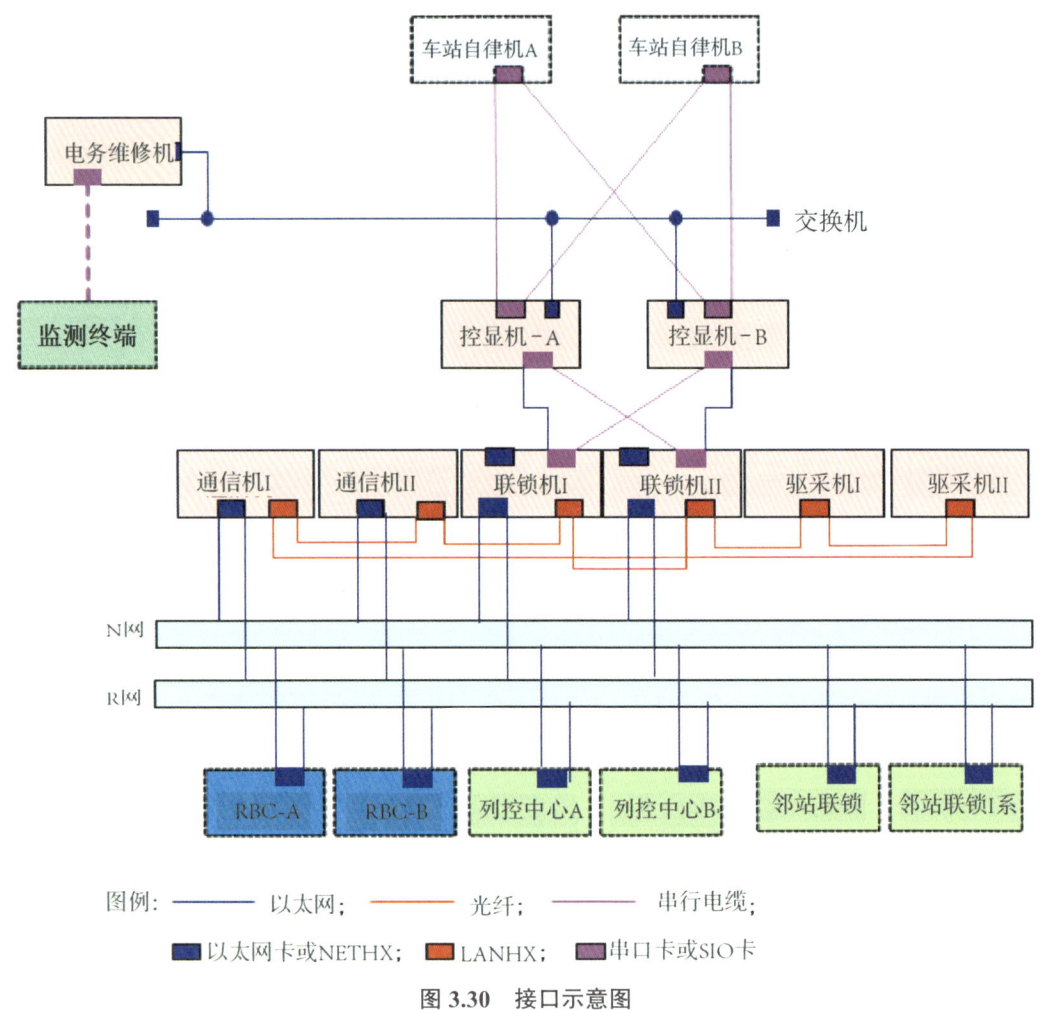

图 3.30 接口示意图

2）与邻站联锁的接口

DS6-K5B 型计算机联锁系统提供了与邻站联锁的通信接口；本地联锁与邻站联锁间采用 RJ45 以太网接口连接，设备与通信网络均按冗余配置，本地联锁与邻站联锁之间数据传输采用 UDP 协议。

联锁系统主要负责向 RBC 发送联锁进路信息、紧急停车区、紧急区状态等信息。联锁系统主要接收 RBC 发来的列车信息，但未纳入联锁逻辑处理。

3）与 CTC 的接口

客运专线 DS6-K5B 型计算机联锁系统提供了与 CTC 的通信接口；调度集中车站自律机和计算机联锁的通信接口由车站自律机、计算机联锁系统的操作表示机或者联锁下位机以及两者之间通信设备组成，车站自律机与操作表示机或者联锁下位机进行交叉互联。

联锁系统主要负责向 CTC 发送站场表示信息、控制状态信息、控制模式转换等信息；联锁系统主要接收 CTC 发来的控制命令、时钟信息、控制模式转换等信息。

4）与 CSM 的接口

客运专线 DS6-K5B 型计算机联锁系统提供了与微机监测的通信接口；联锁系统的接口采用标准的串行方式，包括 RS-232、RS-422 二种接口选一。联锁系统与 CSM 只进行单向通信。联锁系统主要负责向 CSM 发送站场表示信息、设备状态信息、故障报警等信息。

六、检测监控设备基本组成和基本原理——运维

1．系统概述

信号监测系统是保证行车安全、加强信号设备结合部管理、监测信号设备状态、发现信号设备隐患、分析信号设备故障原因、辅助故障处理、指导现场维修、反映设备运用质量、提高电务部门维护水平和维护效率的重要行车设备。监测系统是信号设备的综合集中监测平台，其监测范围包括联锁、闭塞、列控、TDCS/CTC、驼峰、电源屏、计轴等信号系统和设备。同时还包括与防灾、环境监测等其他系统的接口。

随着列车运行速度的不断提高，为保证列车在高速状态下的安全运行，有必要对列控车载设备进行实时动态监测。为了满足铁路运输发展的需要，提高信号部门维护水平和效率，

2006年原铁道部组织有关单位研发了列控设备动态监测系统（DMS）。

2. 监测系统体系结构

监测系统体系结构包括系统配置的层次结构和数据通信的网络结构。体系结构的划分符合电务部门维护和管理工作的实际需要。

1）信号集中监测系统（centralized signalling monitoring system，以下简称CSM）的层次结构

监测系统的层次结构为"三级四层"结构。三级为：铁路总公司、铁路局、电务段。四层为：铁道部电务监测子系统、铁路局电务监测子系统、电务段监测子系统、车站监测网。体系结构如图3.31所示。

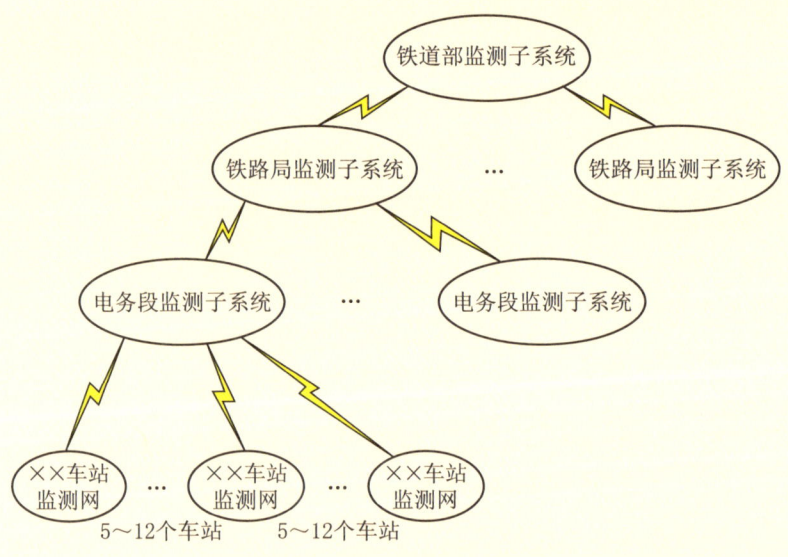

图3.31 监测系统体系结构图

铁路总公司电务监测子系统配置通信管理机、铁路总公司监测终端。铁路局电务监测子系统配置应用服务器、监测终端、维护工作站。

电务段监测子系统配置数据库服务器、应用服务器、通信前置机（超过200个车站，增设一套）、接口服务器、WEB

服务器（预留）、网络管理服务器、防病毒服务器、时钟服务器、网络通信设备、网络安全设备（防火墙等）、电源设备、防雷设备、维护工作站、监测终端等。监测终端主要包括电务段调度终端、试验室终端、车间终端、工区终端等设备，可根据维修管理需要配置相应的终端。

铁路总公司通信管理机采用双机冗余备份技术以增加系统的可靠性。铁路局应用服务器、电务段应用服务器、电务段数据库服务器、电务段通信前置机采用双机冗余备份技术以增强系统的可靠性。车站监测网配置站机和采集设备以及网络通信设备。

2）CSM 的网络结构

监测系统的网络结构（如图 3.32）分为车站、车间（工区）与电务段之间的通信基层网和电务段对铁路局、铁路总公司的上层网。基层网和上层网之间互联互通，确保新建线路车站监测信息接入既有电务段、铁路局监测系统中。

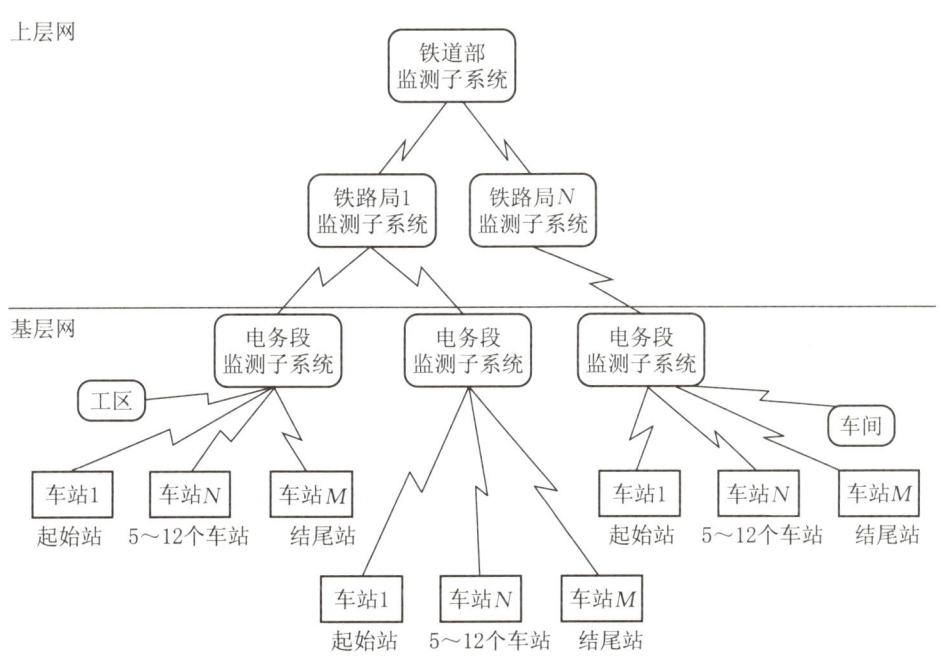

图 3.32 监测系统的网络结构图

监测系统基层网采用专用的传输通道,传输速率不低于 2 兆位/秒。基层网是由网络通信设备和传输通道构成的环形网络,采用冗余措施提高网络的可靠性。

电务段、铁路局、铁路总公司集中监测子系统的路由器、交换机、以太网适配器及网络线等关键网络设备或部件,均采用双套冗余配置。监测系统车站的路由器、交换机、以太网适配器及网络线等网络设备或部件采用单套配置;车站通信机械室至信号机械室应采用光纤通道和光接口设备连接。采用环形通道组网时,基层广域网通道的汇聚节点分别接入电务段路由器,同一环路中首尾两条通道汇聚节点分别接入电务段互为冗余的双套路由器,区域汇聚点考虑双套路由器的负载均衡。

各车站局域网之间通道带宽不低于 2 兆位/秒,采用环形组网方式连接,每 5～12 个车站形成一个环路,并以不低于 2 兆位/秒通道抽头方式与电务段星形连接。环内具体车站数量可以结合通信传输系统节点情况确定。

基层网采用独立的不低于 2 兆位/秒通道组网。当采用 IP 数据网时,应具备相应的网络隔离和安全措施,其覆盖范围包括所有车站、工区、车间、电务段。

3. CSM 车站监测子系统

CSM 车站监测子系统(简称站机)包括车站监控主机、机柜(采集机柜和网络机柜)、采集分机(综合、道岔等)、隔离转换单元、数据处理单元,区间自闭信号采集设备(区间发送、接收综合采集器)、UPS 电源、打印机以及车站局域网设备、联网设备等。站机与采集系统之间的通信采用 CAN 总线和 RS422/485 串行通信等方式。系统通过 CAN 总线采集设备采集模拟量信息及部分开关量信息,大部分开关量信息通过串口通信方式从计算机联锁系统、列控中心系统或调度集中系统接口中获得。车站通过网络方式与 ZPW-2000 系统相连,获取 ZPW-2000 系统的维护和诊断报警信息。CSM 车站子系统的结构如图 3.33 所示。

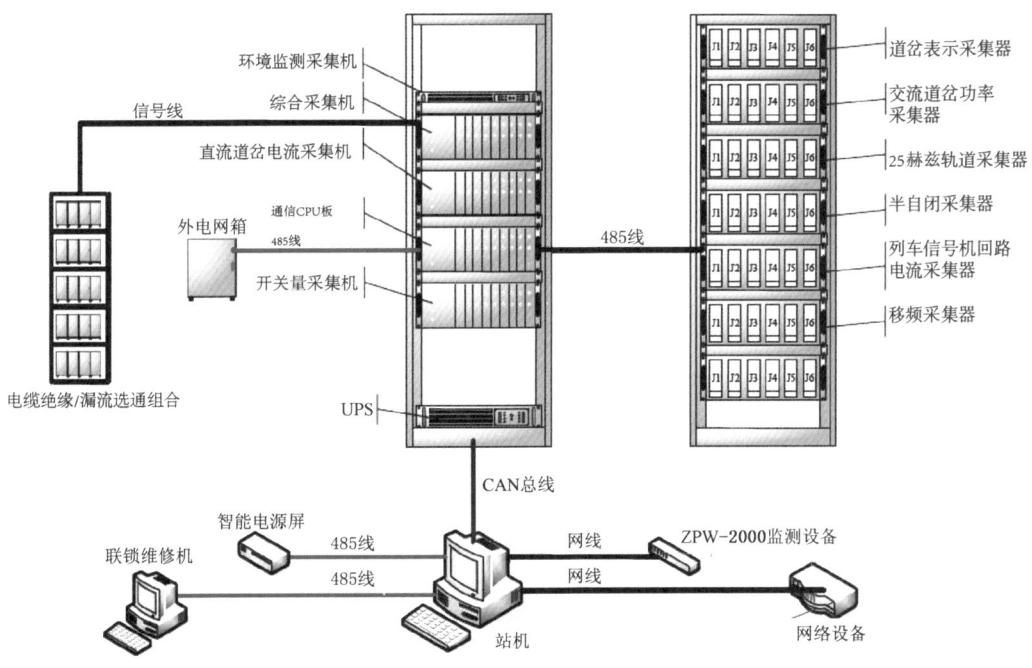

图 3.33　CSM 车站监测子系统的结构

下面是对车站各部分硬件的详细描述。

1）车站监控主机

车站监控主机（简称站机，一般为工业控制机）是车站系统的核心，它负责监测所需数据的采集、分类、逻辑分析处理、报警、数据统计汇总和存储回放等功能，并提供监测的人机交互界面，以图形、列表及曲线等方式给电务维护人员提供最有价值的维修状态信息，同时接收用户的输入，实时进行交互式浏览和查询。

另外，车站监控主机作为基层采集和执行单元，和监控中心及维修工区进行通信，通信方式采用 TCP/IP 协议。站机将车站实时数据和报警传送到上层，并接受上级（中心终端、维修工区终端）的控制命令，然后驱动外围控制单元。

2）电源设备

根据相关技术规范要求，车站 UPS 应采用在线式 UPS 供电,其容量应保证外电断电后维持监测系统可靠工作 10 分钟以上。一般要求为 1.4 千伏纯在线式 UPS。根据理论测算及现场实际测量,一般大小的站本集中监测系统的耗电量在 850 瓦左右,大站在 1 075 瓦左右。为保证系统的安全可靠,至少采用 2 千伏的在线式 UPS。

3)综合采集机

综合采集机完成如下功能:电源屏电压采样、电缆绝缘测试、电源对地漏流测试、熔丝断丝报警、三相电源错序报警、三相电源断相报警、断电监测、电源屏输入电源瞬间断电的测试。

4)外电网质量集中监测

目前困扰电务维修人员的一个问题就是外电网的质量问题,随着一些智能设备、计算机设备在电务领域中的广泛运用,对外电网质量要求也越来越高,外电网(指开关箱闸刀之外)的电压、电流、相序、频率、有功功率、无功功率等因素对上述设备的影响也越来越大。以前集中监测系统没有对外电网运用质量进行监测,所以发生故障后,故障现象没有数据可以查证,为维护人员分析问题带来很大的不便。

为此,在原来断相错序继电器的基础上进行了改进。增加了 I、II 路外电的电压、电流、相序、频率、有功功率、无功功率的监测,受到了用户的好评。其实现方案如下:

三相电源是由频率相同、振幅相等而相位依次相差 120°的三个正弦电源以一定方式连接向外供电的系统。三个电源的连接方式有 Y 形和 D 形两种。

(1)列车主灯丝断丝报警

站内或区间(ZPW-2000A)信号机主灯丝断丝报警主机作为一个采集分机连入集中监测站机系统。分机号为 15、16。通过专门制定的 CAN 协议进行通信。集中监测主机解析断丝报警主机传送的开关量报警信息,并加以报警。这种方案的优势在于可以报警定位到灯位。

（2）道岔采集机

道岔采集机完成如下功能：道岔电流采样，1DQJ状态采样。

（3）集中式移频区间及站内电码化采样

监测信息通过与ZPW-2000A系统维护机接口获得。通信接口采用基于TCP/IP网络通信协议。监测系统采集ZPW-2000A系统的电压、电流、载频和低频信息，同时采集系统的维护信息和报警信息。可以对指定的有疑问的区间进行长时间详细观察与记录，并根据用户的选择提供频域图以及时域图。

（4）道岔表示继电器端电压测试

道岔的表示继电器两端的电压大小受室外道岔二极管电路的影响。如果二极管电路中有一个二极管损坏，室内道岔表示继电器就会处于故障临界状态。

根据用户的要求，研制了道岔表示继电器智能测试报警系统，实现每组道岔（包括液压道岔）表示继电器的端电压的在线测量，及时发现故障并给出2级报警，通过集中监测网络系统，自动传送到电务段调度终端。电务维修人员及时发现故障就可以及时排除故障，为保证行车安全打下坚实基础。

4. CSM与其他系统接口

信号集中监测系统需要与计算机联锁、TDCS/CTC、列控中心、ZPW-2000系列轨道电路、智能电源屏、智能灯丝系统等接口。预留与RBC网管终端、安全数据网网管终端、动力环境监控系统、防灾系统、DMS等其他系统的接口（图3.34）。

1）与计算机联锁的接口

接口方式：监测站机与联锁系统通过RS422/485接口，硬件光电隔离，由联锁维护台单向发送信息，监测站机接收。

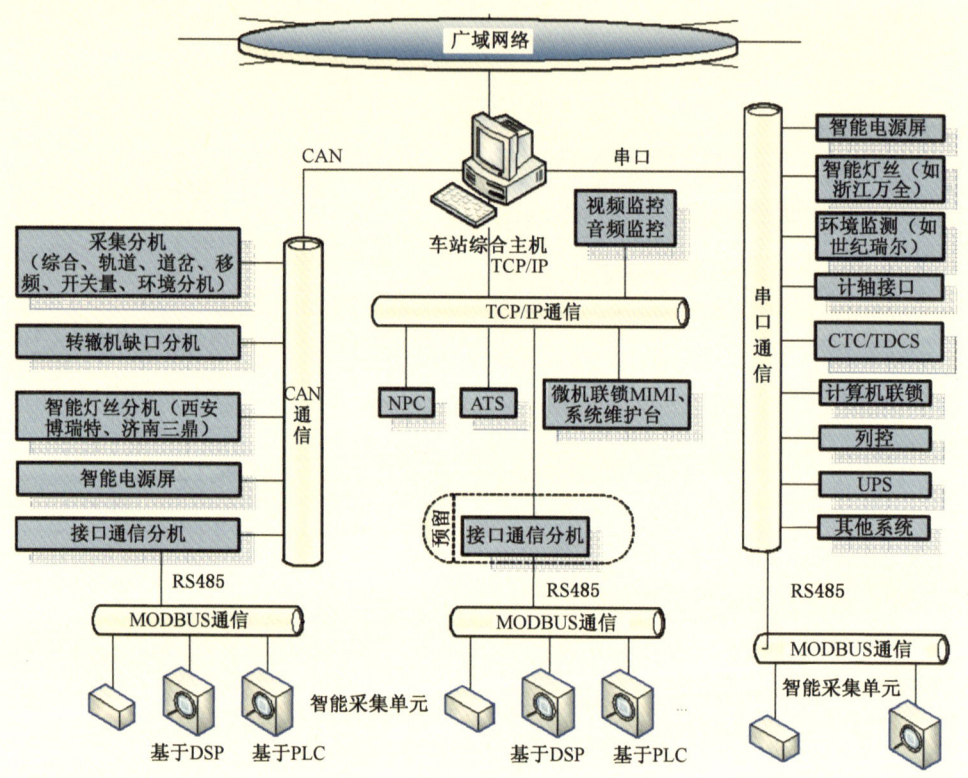

图 3.34 集中监测系统站机与其他系统的外部接口图

监测站机从车站联锁系统接收的信息包括室外信号设备（包括轨道电路、道岔、信号机）状态信息、按钮操作信息、报警信息、表示信息等。监测站机收到这些信息后，就能完成以下功能：复式车站控制台的信息，反映联锁系统内部设备工作状态，显示联锁系统与其他系统的连接状态和故障报警等。

2）与列控系统接口

监测站机从车站列控中心接收信息，包括区间状态信息、系统维护信息和接口信息：车站列控中心状态、接发车进路信息记录报文、进站信号机降级显示命令报文、临时限速命令记录报文、临时限速执行结果记录、临时限速设置失败记录、发送给 LEU 的报文记录。监测站机与列控中心维护机之间采用 RJ45 方式接口、TCP/IP 网络通信协议进行通信。

3）与 CTC 系统的接口

CTC 与信号监测系统之间的通信，通过 CTC 车站子系统的电务维护终端与监测系统的车站机互联实现。CTC 向监测系统提供信息，监测系统不为 CTC 提供信息。

当电务维护终端发现状态发生变化，则主动发送状态变化信息。监测车站机每隔 1 分钟，向电务维护终端请求状态信息，电务维护终端则把全部状态信息传输给监测车站机。

监测站机与 CTC/TDCS 系统维护机之间通过 RS422 方式接口，硬件光电隔离。

4）与 ZPW-2000 系列轨道电路的接口

监测站机与 ZPW-2000 系统维护机接口，获取 ZPW-2000A 系统维护机的每个区段的电压、电流、频率信息和其他状态信息以及系统维护信息。通信协议采用统一的接口协议。

监测站机与 ZPW-2000 维护终端之间采用 RJ45 方式接口、TCP/IP 网络通信协议进行通信。

5）与智能电源屏的接口

通过与智能电源屏接口采集智能电源屏传来的电源屏电压、电流等模拟量信息以及电源屏状态等信息。

监测站机与 CTC/TDCS 系统维护机之间通过 RS485 方式接口，硬件光电隔离。智能电源屏监测单元与集中监测的通信方式为监测单元主动上传模式，定时上传一组信息给 CSM 站机。集中监测站机超时收不到信息则认为通信中断。

6）与 RBC 的接口

监测接口服务器与 RBC 的接口，获取 RBC 的状态信息以及系统维护信息。通信协议采用统一的接口协议。硬件连接方式是采用 TCP/IP 网络通信方式。采用接收应答及超时重

传机制保证通讯的可靠性,在无通讯数据时定时发送心跳信息检测通讯链路的完整性。

5. DMS 简介

列控设备动态监测系统（DMS）是我国自主研发的面向铁路信号动态监测、监测领域的列控实时监测系统。系统由列控车载信息采集装置（以下简称 DMS 车载设备）、铁路总公司/铁路局列控动态数据中心和站段用户终端组成。DMS 车载设备安装在动车组内，在列车运行过程中，对涉及行车安全和效率的 ATP、地面应答器及轨道电路工作状态信息、应答器报文和 RBC 报文信息等进行实时监测，并将监测数据通过铁路 GSM-R 专用网络和 GPRS/3G 移动公网等无线方式实时发回地面数据中心，配以地面网络传输管理分析设备，完成列控设备及相关地面设备工作状态的实时监测和分析，使之始终处于在线监测状态，达到了对车载设备和地面设备实时监测的目的。

DMS 采用先进的计算机技术、信号处理技术、数据传输技术和网络通信技术，实现对动车组列控系统工作状态的实时监测和实时报警，对科学指导列控系统维护工作、及时传递列控系统故障信息、缩短故障延时起到了重要作用。同时系统扩展了动车组运行状态信息和司机操控信息实时监测功能，为铁路调度和机务运用管理部门提供了管理手段。

DMS 车载设备已作为动车组的标准配置，在每列动车组出厂前完成安装；铁路总公司和配备有动车组的铁路局均已建立 DMS 列控动态数据中心；各路局调度指挥中心、电务段、ATP 工区均已设置 DMS 用户终端。DMS 已成功运用于中国铁路，系统运用以来为电务部门的维修维护提供了很大便利，是实现信号设备状态维修的重要手段，是信号动态监测技术和信号维修管理技术向智能化、网络化、安全化发展的重要标志。

1）发展历程

伴随着计算机技术、信号处理技术、数据传输技术和网络通信技术等基础科学技术的进步，欧标 ETCS 技术的引进和吸收，以及 CTCS-2 级列控系统和 CTCS-3 级列控系统专业技术的迅速发展，铁路信号动态监测技术得到了不断提高，并获得了铁道部的高度重视。2006 年铁道部运输局组织相关单位，结合中国铁路列控技术的发展历程、发展特色和电务维护人员的设备检修监测需求，研制了 DMS 系统。

DMS 的发展运用主要经历了系统试运用、全路推广、针对高速铁路的系统完善三个阶段。

（1）系统试用（2006—2007 年）

① 系统研制

DMS 的研发工作开始于 2006 年。由于大量动车组开行，铁道部运输局组织相关单位研发了 DMS 车载设备，实现了 DMS 与 200H 类型 ATP 设备的接口通信，并在此基础上开展了整个 DMS 系统框架的研究，设置了地面数据中心服务器，形成了包含车载设备、地面数据中心和用户终端的三层系统运用架构。

该系统于 2007 年 4 月 18 日大提速期间进行了现场试运行。

② 系统现场试运用

2007 年 4 月 18 日大提速期间，相关单位采用在路局对已出厂的动车组进行现场加装的方式，对"4.18"提速期间运行的多组 CRH2 型 200 公里/小时动车组安装了 DMS 车载设备，实现了在提速期间电务维护人员对动车组运行状态及列控设备状态的实时监测，系统得到了初步的试运用。2007 年底，陆续对广深线 20 列 CRH1 型时速 200 公里/小时的动车组完成了 DMS 车载设备加装工作，进一步扩大了系统的现场试运用范围。

（2）系统全路推广（2008—2009 年）

① 200C 和 3D 类型 ATP 设备信息实时监测的实现

2008 年初，铁道部运输局基础部组织相关单位分别制定了 DMS 设备与 200C 类型 ATP 和 3D 类型 ATP 设备的通信接口规范。DMS 的软、硬件设计实现了兼容以上两种类型 ATP 的物理接口及通信协议，实现了对配备该类型 ATP 设备的 CRH5 型和 CRH3 型动车组进行实时监测的功能。

② DMS 车载设备实现工厂化安装

DMS 自 2007 年投入运用以来，设备运行稳定、数据采集可靠、信息传输实时，为铁路电务部门实时掌握列控系统工作状态、科学指导列控系统维护工作提供了重要方法，成为电务维护人员对列控设备实现状态维修的必要手段。2008 年铁道部正式将 DMS 车载设备纳入列控系统，作为 ATP 设备的标准组成单元，明确各动车组车辆厂在动车组出厂前应统一完成 DMS 车载设备的安装和调试工作，解决了系统在初期现场安装中的施工困难问题。

③ DMS 用户终端设备的推广运用

2008 年 3 月，铁道部印发《列控设备动态监测系统技术条件（暂行）》，对 DMS 的体系架构、系统接口、功能和要求等进行了规定，明确各配属动车组的铁路局电务处、电务段等地应设置 DMS 用户终端，DMS 系统运用得到了全路推广。

（3）针对高速铁路的系统完善（2009—2013 年）

① 扩展 CTCS-3 级列控系统监测功能

伴随着国内多条高铁客运专线的建设投用以及 CTCS-3 级列控系统的发展运用，DMS 通过对既有系统软、硬件的完善，扩展实现与 300T、300S 和 300H 三种类型 CTCS-3 级列控系统 ATP 的接口，并兼容以上类型 ATP 物理接口和软件通信协议，实现了全路各种车型动车组运行状态和列控设备工作状态的实时监测。

② 铁道部和铁路局数据中心的建设投用

随着全路运行动车组数量的不断增加，系统的数据量急剧增长，各路局 DMS 用户终端数量也不断增加，系统原有的临时地面数据服务器和数据网络已经无法满足全路电务用户的运用需求。2011 年铁道部运输局、信息化办公室组织路局专家，评审通过并印发了《关于印发列控设备动态监测系统总体方案评审意见的通知》，明确了系统应设置铁道部和铁路局两层数据中心，形成车载设备层、铁道部数据中心层、铁路局数据中心层和各站段用户层的四层物理架构。根据该总体方案，2012 年初铁道部列控动态数据中心和路局数据中心建成并投入使用，系统的稳定性和可用性得到了极大的提高。

③ 系统实现通过铁路 GSM-R 网传输数据

DMS 最大的特点是信息采集、传输和处理过程的实时性。2011 年之前，系统车载设备和地面设备之间采用中国移动 GPRS 网络进行数据传输，受限于移动 GPRS 网络在铁路沿线的覆盖范围和信号强度，系统数据传输的实时性无法保证。为进一步提高 DMS 数据车-地传输的实时性，同时保证系统数据安全，2011—2012 年，铁道部组织 GSM-R 通信专家研究 DMS 通过铁路 GSM-R 网和公网 GPRS 双网传输数据的可行性和具体实施方案，并于 2011 年率先在武广高铁和沪宁城际进行现场运用试验，试验效果良好。2012 年铁道部运输局组织印发《关于动车组 DMS 车载监测装置加装 GSM-R 传输模块相关工作安排的通知》，明确 GSM-R 传输模块是 DMS 设备的标准组成单元，全路动车组的 DMS 设备均需实现通过铁路 GSM-R 网进行数据传输，大大提高了系统数据的实时性和安全性。

④ 动车组司机操控信息分析系统的扩展运用

DMS 通过与列控 ATP 设备接口获取的列控信息和动车组

运行信息中，不仅包含电务维护人员关注的列控设备状态及报警信息，同时涵盖了部分动车组司机操控信息。2010年铁道部组织相关单位研究了基于DMS架构扩展动车组司机操控信息分析系统的实施方案，开发动车组司机操控信息分析用户终端，将DMS数据中与司机操作相关的数据按照业务类型进行分类和筛选，通过机务用户终端显示给机务用户，为机务管理部门规范司机操作提供有效手段。

⑤ 高速铁路列车追踪接近预警系统的扩展运用

为了防止类似"7.23事故"的小概率列车追尾事故的发生，2011年9月，铁道部科技司和运输局组织相关单位开展基于GPS、速度传感器和应答器进行列车定位的高速铁路列车追踪接近预警系统（以下简称预警系统）的立项研究工作。2011年底完成了在既有DMS系统基础上扩展预警系统的系统构架工作和软硬件研发工作，包括在DMS车载设备内扩展设计通信接收单元、在司机室内加装预警显示单元、在铁道部列控动态数据中心设置预警服务器等工作。

2012年初，预警系统在京沪线进行现场试验。2012年7月，预警系统顺利通过了由铁道部科技司和运输局组织的系统试用评审，并印发了《铁道部科学技术司关于印发〈高速铁路列车追踪接近预警系统试用评审意见〉的通知》（科技运函〔2012〕42号）。预警系统于2012年9月份开始在沪宁城际、武广高铁等线路进行试运用，试用效果良好。

目前系统通过扩展功能为铁路机务和调度部门实时掌握动车组运行状态及司机操作状况提供了重要手段。通过各级领导和运用维护人员的共同努力，已逐步形成了铁路总公司以监督指导为主、铁路局以数据管理为主、电务段以分析运用维护为主的管理模式，实现了列控数据从源头到运用的全程管理，并实现了列车追踪接近预警系统等功能的扩展应用。随着铁路建设规模的不断扩大，计算机技术、网络技术、电子信息技术的不断发展，DMS系统作为铁路列控设备的监测平台，向综合化、智能化、网络化和专家系统方向不断完善和发展。

2）系统特点

（1）实时性

DMS是集实时信息采集、实时数据分析和实时信息展示功能为一体的实时信息处理系统。在动车组运行过程中，系统车载设备采集包括列车运行速度、位置、应答器报文、ATP报警和制动等大量信息。这些信息通过铁路GSM-R网和公网GPRS实时、准确地传输至地面数据中心进行集中分析后，通过铁路内网实时传输至用户终端进行图形化展示。系统信息的实时性便于铁路相关部门实时掌握列控设备的运行状态，并作出应急指挥安排。

（2）层次分明

DMS采用车载设备、铁路总公司数据中心、铁路局数据中心和各站段用户终端四层网络结构，该结构可以实现全路动车组监测数据在铁路总公司的集中落地和统一分析；实现数据通过铁路总公司与铁路局间网络按照各路局权限的分发和属地化管理，实现各站段用户终端按照业务类型不同的数据显示和查询，有利于系统的长期运行维护和管理工作。

（3）兼容性

DMS目前在全路CRH1、CRH2、CRH3、CRH5、CRH380等各种类型动车组上均已实现安装运用，并支持200H、200C、300H、300T、300S和3D六种不同类型ATP的硬件接口和软件通信数据解析，具备良好的兼容性。

（4）先进性

DMS系统是一个基本覆盖全路的综合性系统，在研制中采用了计算机技术、信号采集技术、数据无线传输技术、数据传输控制技术、智能分析技术和图形化处理等具有发展前

景的技术，同时吸收消化了欧标 ETCS 的各项专业技术，并将其在系统中结合中国铁路的信号特点和中国铁路的用户需求进一步发展运用，使系统整体在一定时期内保持技术领先性。

（5）独立性

DMS 是独立于列控车载设备和列控地面设备的第三方监测系统。系统软、硬件均属于自主研发，与列控系统的运算控制逻辑无关，具备设备独立和功能独立的特点。

（6）真实性

DMS 车载设备所采集的列控设备运行状态信息实时传输至铁路总公司/铁路局列控动态数据中心进行统一分析和处理后，通过用户终端进行显示。用户终端显示的列控设备等级、模式、速度、应答器报文、RBC 报文、轨道电路、ATP 报警均来自于列控设备，是对列控设备的真实反映。

（7）安全性

DMS 的数据包括列控数据、动车组运行状态和司机操控等数据，与动车组运行安全息息相关。系统通过车载设备设计电气隔离和通信隔离，在采集列控信息的同时不影响列控设备的正常运行，实现了列控动态数据的安全采集；系统依托于铁路 GSM-R 网和铁路内部网进行数据传输，并在数据传输中进行了数据加密、数据压缩、数据校验，实现了系统数据的传输安全；系统针对数据库服务器、数据应用服务器等关键设备采用双机冗余设置，保证了系统的设备运行安全。

3）系统结构

（1）系统结构图

DMS 主要由 DMS 车载设备、铁路总公司列控动态数据中心（包含网络传输部分硬件）、铁路局列控动态数据中心及各站（段）用户终端等四部分组成，如图 3.35 所示。

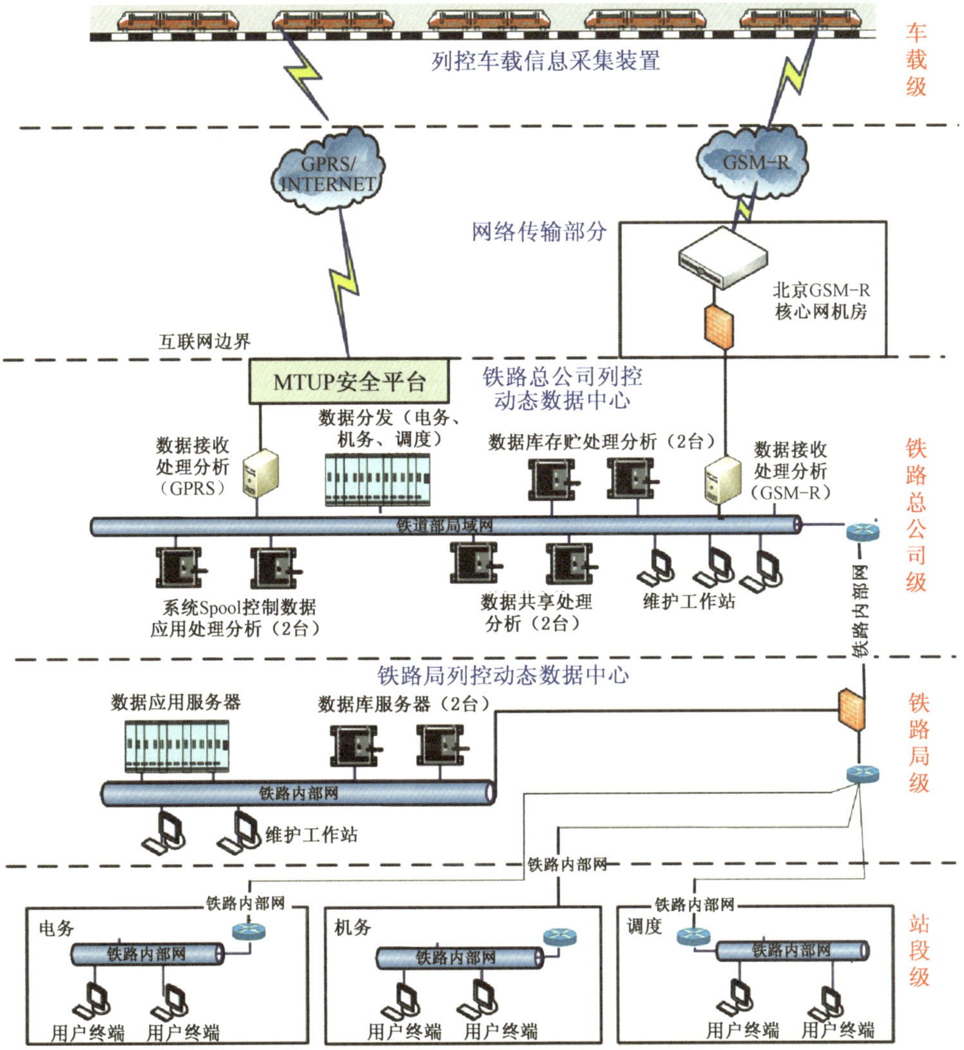

图 3.35　系统硬件架构框图

（2）系统结构描述

DMS 的系统结构如图 3.36 所示。

DMS 由信息采集模块、通信网络、地面列控动态数据中心、系统功能平台、信息安全机制和信息共享服务六大模块组成。

信息采集模块包括 DMS 车载设备和数据采集模块。DMS

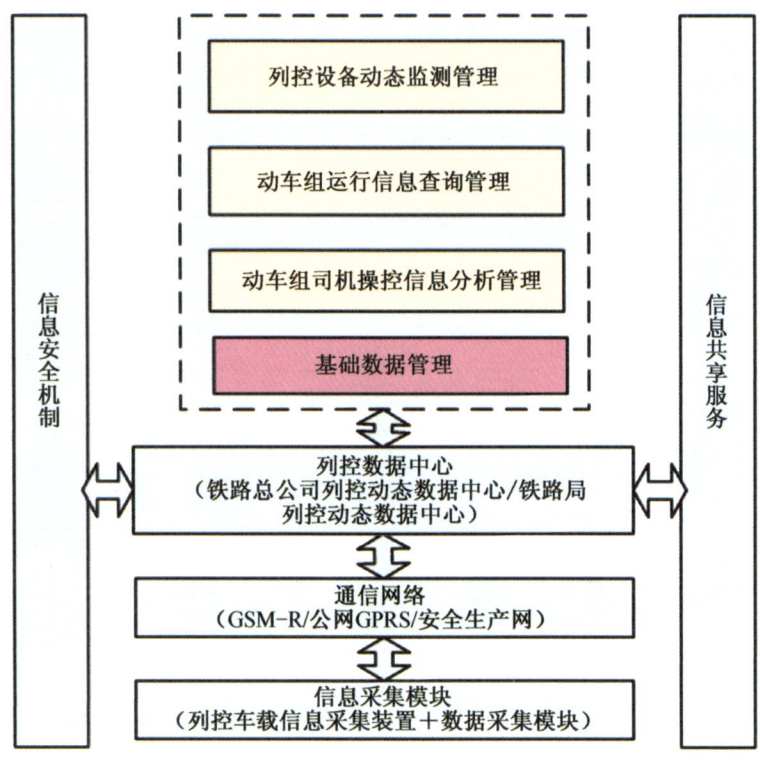

图 3.36 系统结构图

车载设备安装在动车组固定机柜内，通过和列控设备接口通信，在列车运行过程中完成列控设备状态和报警信息、轨道电路信息、应答器及报文信息、RBC 报文等列控信息和动车组运行状态信息的实时采集，并对所采集的数据进行实时存储和处理，形成列控动态数据后进行组包和发送。

通信网络包括铁路 GSM-R 网、公网 GPRS 和内部生产网。车载设备所采集的列控动态数据通过铁路 GSM-R 网和公网 GPRS 传回地面，经安全平台防护后接入铁路总公司列控动态数据中心，进入内部生产网。

地面列控动态数据中心包含铁路总公司列控动态数据中心和各铁路局列控动态数据中心两级结构，均部署在内部生产网内。其中铁路总公司列控动态数据中心负责对车载所传输的列控动态数据进行接收、处理、分析和存储,并按照权限设置将数据分发至各铁路局列控动态数据中心。局列控动态数据中心接收来自铁路总公司列控动态数据中心的数据,进行处理、存储后分发至系统不同功能的用户终端。

DMS 最终体现了四个功能平台:列控设备动态监测管理平台、动车组司机操控信息分析管理平台、动车组运行信息查询平台和基础数据管理平台,分别实现列控设备相关信息、动车组运行信息的实时查询分析以及基础数据的导入、维护和管理。

信息安全机制包括车-地数据传输安全机制、系统安全机制和网络安全机制等内容,共同保护了系统的运行安全和铁路动车组列控设备等信息的安全。

信息共享服务由系统在铁路总公司列控动态数据中心实现,主要用来向铁路其他业务部门和信息部门提供列控设备统一接口和共享服务,实现铁路信息资源共享。

4)系统主要功能

(1)动车组运行状态实时监测

DMS 车载设备在动车组运行过程中通过和列控设备接口、连接 GPS 天线获取 GPS 信号等方式,实时采集动车组运行速度、经纬度等运行基本状态,并通过铁路 GSM-R 网和公网 GPRS 实时传输至地面数据中心,结合各类线路基础数据库获取列车运行线路、里程、上下行、前方车站、前方信号机、所属路局、始发/终到等运行状态信息,通过用户终端软件进行实时直观图形显示,使铁路调度、电务、机务等部门用户对动车组运行状态信息进行实时监测。

(2)列控车载及地面设备实时监测

DMS 车载设备在动车组运行过程中通过和列控车载 ATP 设备、CIR 设备等接口,实时采集列控车载 ATP 设备运行状态及报警、地面应答器状态及报文、轨道电路、RBC 通信报文、CIR 设备车次号等电务列控设备信息,并实时传输至地面

数据中心，结合信号库、应答器库等电务基础数据库进行综合计算分析后，通过用户终端软件进行实时直观图形显示，使铁路电务列控设备运用管理部门能够实时监测车载和地面列控设备的工作状态，同时为进一步分析列控数据、避免故障隐患提供了现场数据。

（3）机务司机操控信息实时监测

DMS 车载设备在动车组运行过程中通过和列控车载 ATP 设备、CIR 设备及车辆 WTD 设备接口，获取列车运行过程中的司机操控信息，实时传输至地面数据中心，结合列车运行基本信息、司机编号基础库等分析后，通过用户终端软件进行实时直观图形显示，并具备自动统计功能，使铁路机务运用管理部门能够实时监测司机操控，为远程指导、故障及时排查提供支持手段。

（4）实时报警

DMS 通过用户终端软件实现非正常停车信息、ATP 异常、应答器异常、轨道电路异常及司机操控安全项异常等报警功能，并实时弹出报警对话框，及时提示相关负责人发现、处理并制定应急预案。

（5）信息共享

DMS 车载设备、地面数据中心及用户终端均设置有统一的信息共享接口，向铁路相关信息系统共享输出动车组运行状态等信息。

第四章

高速列车运行控制系统安全策略

一、静态验收

二、动态验收

三、初步验收

四、独立安全评估（ISA）

五、正式验收

高速铁路信号工程是一个复杂的系统工程，其生命周期主要分五个阶段，即决策阶段、勘察阶段、实施阶段、竣工验收阶段和运营阶段。其中竣工验收阶段是整个工程质量控制的关键阶段。在这个阶段，需采取一系列科学安全的方法去验证系统的绝对安全。竣工验收阶段又细分为静态验收、动态验收、初步验收、安全评估和正式验收五个阶段。

静态验收：对建设项目的工程按设计完成且质量合格、设备安装调试完毕且质量合格进行检查确认的过程，包含仿真试验和设备调试。

动态验收：在静态验收合格后，通过联调联试、动态检测对列车运行状态下工程质量全面检查和确认，并通过运行试验对整体系统在正常和非正常运行条件下的行车组织、客运服务以及应急救援等进行检验的过程，包含联调联试、动态检测和运行试验。

初步验收：在动态验收合格后，对工程建设情况，以及静态验收、动态验收情况进行确认的过程。

安全评估：经初步验收合格后，且初步验收发现的影响运营安全的问题得到解决后，对安全管理、设备设施、规章制度、人员素质等是否具备开通安全运营条件进行检查评价的过程。

正式验收：在开通初期运营一年以上，由国家主管部门或委托铁路总公司组织对建设项目整体情况进行检查和评价的过程。

以上五个阶段按顺序进行，静态验收合格后进行动态验收，动态验收合格后进行初步验收，初步验收合格后进行安全评估，安全评估通过后可开通初期运营，经正式验收合格后方可投入正式运营。

一、静态验收

静态验收是联调联试、动态检测的前提,通常由铁路局组织,建设单位配合,在施工单位自检合格、监理单位确认的基础上进行。

静态验收包含仿真试验和设备调试两个部分。

1. 仿真试验

随着铁路特别是高速铁路建设的快速发展,列控中心、临时限速服务器、无线闭塞中心、CTCS-2级车载设备、CTCS-3级车载设备等多种列控系统设备投入应用,CTC系统和计算机联锁系统也有了新的技术需求。为加强高速铁路信号系统的质量控制,在其投入使用前,须经过全面、严格的测试。如果将其接入真实的铁路环境,即在实际应用中的车站进行试验,难度非常高,无法满足测试要求。因此,在静态验收阶段引入仿真试验的手段。

高速铁路信号仿真试验,就是通过现代计算机仿真技术,在室内仿真高速铁路现场信号、列车特性和列车运行,实现对列控系统设备级、系统级的验证。

(1)列控中心测试平台

列控中心测试平台既适用于既有线列控中心系统,也适用于客运专线列控中心系统的功能测试,主要完成以下测试项目:

- ◆ 临时限速报文处理功能测试;
- ◆ 轨道状态处理功能测试;
- ◆ 轨道电路编码功能测试;
- ◆ 信号机点灯控制功能测试;
- ◆ 轨道发码方向控制功能测试;
- ◆ 区间改方功能测试;
- ◆ 灾害防护功能测试;

◆ 冗余通道与双系切换功能测试；

◆ 维护诊断及通信异常处理功能测试。

测试平台包含数据库服务器、测试控制中心服务器和测试引擎服务器。

① 数据库服务器存储测试基础数据，以及测试期间形成的用例、记录、结果等测试数据和其他辅助数据。其中，基础数据主要有线路速度、线路坡度、线路断链、异物侵限、信号数据和车站信息等线路相关数据，以及车站（含中继站/无配线站）的进路数据、驱采配置、轨道区段配置和各接口数据配置等车站相关数据，是被测列控中心系统的工程应用数据；测试数据则囊括了测试过程中形成的所有原始输入输出信息；另有为配置测试平台工作参数的其他辅助数据。

② 测试控制中心服务器维护被测列控中心基础数据，完成测试用例的生成与维护、测试数据的维护、测试任务计划的管理、系统功能特征管理、测试计划脚本的管理、测试进程实时监控、测试结果查询、统计与分析、测试报告管理等。

③ 测试引擎服务器则通过仿真与列控中心互联的各相关信号设备功能和通信接口，利用测试控制中心服务器编制的测试任务计划，采用自动测试或手工测试的方式，加载测试用例完成单系/双系工作模式下被测车站列控中心的功能测试，并将测试结果存储到相应的数据库。

(2) 临时限速服务器测试平台

临时限速服务器测试平台适用于临时限速服务器的功能测试，主要完成以下测试项目：

◆ 临时限速服务器（TSRS）系统启动及初始化的功能测试；

◆ 系统时钟同步功能测试；

◆ TSRS 接口通信功能测试；

◆ 设置临时限速服务器系统（TSR）命令的参数校验功能测试；

- 正线限速单条执行功能测试；
- 正线限速多条执行功能测试；
- 取消命令的参数校验功能测试；
- 侧线限速执行流程功能测试；
- TSR 删除功能测试；
- 未执行命令不得取消功能测试；
- 部分执行时取消功能测试；
- 部分执行后的继续执行功能测试；
- 系统辅助提示功能测试；
- 时空重叠校验功能测试；
- TSRS 重启获取全部 TCC/RBC 状态功能测试；
- TCC/RBC 重启后命令状态更新功能测试；
- 设置提示时空闲段检查范围功能测试；
- 限速超时处理功能测试；
- 应答器单方向正线管辖范围限速功能测试；
- 联络线处临时限速功能测试；
- 断链限速功能测试；
- 限速命令的拆分功能测试；
- TSRS 批量管理 150 条 TSR 命令功能测试；
- 覆盖两个 TSRS 的临时限速功能测试；
- TSRS 管辖边界限速功能测试；
- 转换站限速功能测试；
- 双系切换功能测试；
- TSRS 通道冗余与数据恢复功能测试。

测试平台包含数据库服务器、测试控制中心服务器和测试引擎服务器。

① 数据库服务器用于存储测试平台所使用到的所有数据资源。这些数据资源包括测试平台运行所需要的公用基础数据信息的平台基础数据库；存放测试平台进行各项功能测试与安全性测试所有用例的测试用例数据库；存储被测 CTCS 级列

控系统临时限速服务器的站场及线路静态数据信息，如线路信息、进路信息、站场拓扑结构等的站场及线路静态数据库；存放以手工测试方式或自动测试方式进行的各项测试的测试结果数据库；其他数据如存放整个测试过程中的所有相关执行信息的测试进程记录数据等。

② 测试控制中心服务器完成临时限速服务器测试流程中的各项管理工作，即测试前的数据准备，包括基础数据的管理、测试用例自动生成、测试流程的动态监控，测试结束后测试流程的回放，测试结果的分析、管理等。

③ 测试引擎服务器通过模拟与临时限速服务器互联的各外部信号设备功能及通信接口，将测试控制中心服务器生成的测试用例，按照既定的方式加载到被测临时限速服务器，并对被测临时限速服务器的执行反馈结果进行判定，同时对整个测试流程中产生的所有信息进行详细记录。

测试控制中心服务器和数据库服务器实现了测试运行管理支撑环境，它们与测试引擎服务器协调工作，完成整个测试过程。

（3）客运专线计算机联锁测试平台

客运专线计算机联锁测试平台是在既有计算机联锁测试平台的基础上，针对客运专线计算机联锁新的技术需求开发的，适用于客运专线计算机联锁的功能测试。除了既有计算机联锁的测试项目外，客运专线计算机联锁功能相关的测试项目主要有：

◆ 开机启动功能测试；
◆ 点灯控制功能测试；
◆ 发车进路检查区间条件功能测试；
◆ 立折作业和调车折返功能测试；
◆ 信号故障关闭功能测试；
◆ 股道停稳及接车限制功能测试；
◆ 引导功能测试；

- 接近锁闭功能测试；
- 无配线车站联锁功能测试；
- 衔接车站点灯控制功能测试；
- 延续进路功能测试；
- 大号码道岔功能测试；
- 异物侵限防护功能测试；
- 黄闪黄和信号降级功能测试；
- 接车进路功能测试；
- 动车段功能测试；
- 分段进路功能测试；
- 轨道停电功能测试；
- 改方辅助办理功能测试。

客运专线联锁测试平台包含数据库服务器、测试控制中心服务器和测试引擎服务器。

① 数据库服务器用于存储测试过程中所使用到的全部数据资源和测试形成的结果数据及相关数据，可归纳为基础数据库、站场数据库、测试用例数据库、测试记录数据库、测试结果数据库和其他数据库等。

② 测试控制中心服务器由站场图CAD工具、数据录入及校验工具、测试用例生成工具和测试结果记录及查询工具等共同组成，用于完成测试流程中的各项管理工作，即测试前的联锁数据准备，包括基础数据的管理、联锁测试用例自动生成等。测试中测试流程的动态监控、测试结束后测试流程的回放、联锁测试结果的管理和辅助分析等。

测试控制中心服务器和数据库服务器实现了联锁测试运行管理支撑环境，它们与测试引擎服务器协调工作，完成整个测试过程。

③ 测试引擎服务仿真与被测联锁系统互联的各外部系统及相互间的通信接口，能将测试控制中心服务器自动生成的测试用例，按照既定的方式加载到被测联锁系统，并对被测联锁

系统的执行反馈结果进行实时判定，并将判定结果存入数据库，同时对整个测试流程中产生的所有信息进行记录。

2．设备调试

设备调试流程分两步：首先对设备的单项加电进行单体静态调试，第二步是进行系统静态调试。

调试的内容包括无线闭塞中心系统调试，联锁系统调试，调度集中系统调试，列控系统调试，信号系统与电力、接触网、通信、防灾系统的接口调试。

（1）设备单体静态调试验证

通过单调使单体设备的各项指标达到最优，性能良好，项目和功能齐全，状态和特性良好。调试方法为：

① 设备送电

将去往室外的电缆摘除，单独给室内机柜送电，再进行综合加电试验。给室外信号机、转辙机、轨道电路送电时，先单独给一个系统送电，试验合格后，再综合送电。

② 试验步骤

◆ 区间：轨道区段占用、室内移频柜数据测量、室内轨道电路数据测量、防雷分线柜的数据测量、码序试验、贯通线的导通等试验同步进行。

◆ 站内：首先进行单项的试验，如转辙机的电操、信号机的表示、轨道区段占用等内容，做好试验记录；再综合测试，如排列进路等列控试验。

◆ 进行上述试验时安排专人盯控各系统的显示器和机柜的设备表示灯，做好相关记录。

◆ 所有试验记录汇总，对比，排查故障，确保所有设备的运行符合设计要求。

◆ 所有的验收试验记录必须有电务人员的签认。

（2）设备系统静态调试验证

对所有设备间接口及边界，设备的互连互通、限速设置调试验证。

对子系统调试时，通过上文所述的仿真测试评估工具对子系统所需的外部输入进行模拟，看能否得到期望的结果。

子系统间的调试需采用真实环境，例如调试行车指挥系统的时候，道岔表示由计算机联锁系统进行采集。在此项调试阶段，还需进行接口的调试。例如通过某些关键地点处的临时限速的设置，来验证临时限速服务器与列控中心/无线闭塞中心的接口是否正确。

高速铁路信号系统包括无线闭塞中心 RBC、临时限速服务器、车站列控中心与 LEU、轨道电路、应答器设备、CTCS-3 级车载 ATP 设备、车站联锁系统、CTC 系统、微机监测设备、GSM-R 无线网络接口设备等。通过系统调试，测试验证客运专线各设备的功能，各个系统间的接口，CTCS-3 级列控系统的功能、安全性、可靠性。根据试验结果，进行设备安装调试、系统调试，指导软件升级，同时结合相关子系统的静态测试数据和结论，为系统结构完善与优化、系统验收与开通、制定运营组织方案和规章制度、指导系统维护管理提供依据。

调试工作如下：

① 完成各个设备的安装；完成对设备各元件及整体运行的测试，验证其能否达到所需功能，并形成测试表格。

② 验证无线闭塞中心与 CTC 系统、车站联锁系统、GSM-R 无线网络间的接口关系，临时限速服务器与 CTC 系统、列控中心间的接口关系。

二、动态验收

动态验收是连接实施阶段和运营阶段的重要环节，既包含自成体系、相互关联的各子系统测试与验证，又包含全系统的调试与优化。静态验收合格、符合综合试验列车上线条件后，由铁路局、建设项目管理机构向铁路总公司主管部门提报动态验收申请；批准后，铁路局会同建设项目管理机构、检测单位组织联调联试、动态检测工作。

动态验收工作验证高速铁路信号系统的功能、安全性、可用性；根据测试结果，进行系统调试，指导软件升级，为系统结构完善与优化、系统验收与开通、运营组织方案和规章制度制定、系统维护管理提供依据。

动态验收包含联调联试、动态检测和运行试验。

1. 联调联试及动态检测

（1）关键测试技术

采用装备轨道电路检测、补偿电容检测、轨道电路不平衡电流检测、应答器检测、系统维护通信管理、检测数据综合分析处理等的综合检测列车，对轨道电路、应答器、补偿电容、邻线干扰等进行检查，如图 4.1 所示。采用试验动车组在不同速度等级下，对 CTCS-3 级和 CTCS-2 级列车运行控制系统进行功能、性能和安全性验证；采用列车运行控制地面仿真系统，实验室仿真与线路试验相结合；采用司法记录单元（JRU）和外接车载数据记录仪（ODL），检测车载 ATP 设备信息；采用协议适配器（VIA）、RBC 维护终端、司法记录器（WJRU）和 ISDN 服务器接口检测设备，测试 RBC 设备内部工作状态和外部设备接口的数据传输情况；采用 GSM-R 无线网络监控设备，测试 GSM-R 网络车载和地面中心接口的工作状态。

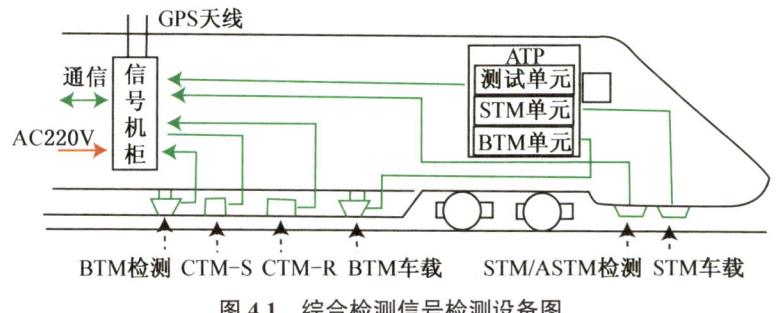

图 4.1 综合检测信号检测设备图

（2）技术创新

CTCS-3 级列控系统车载设备测试序列计算机辅助生成工

具可根据提示和图形化界面,快速、高效编制测试序列,生成的测试序列统一存储于数据库中,便于统计和电子化管理,增强了测试过程的规范性和完备性。

CTCS-3 级列控系统车载设备司法记录器(JRU)实时在线监测记录设备,能够实时对测试过程和测试数据进行监控,并利用远程无线传输技术,将测试数据传输到服务器,远程终端可以登录服务器进行远程监控。

(3)测试内容

① 信号设备状况

采用装备有信号设备动态检测系统的综合检测车或者电务试验车对轨道电路(轨道电路载频、低频信息分配、码序及轨道电路干扰)、补偿电容(补偿电容安装位置、步长、工作状态)、应答器(应答器位置、报文及连接关系)状态进行检测。

信号设备状态检测标准:轨道电路载频和低频分配及码序正确率 100%,信号传输电平、频谱及能量分布正常。载频偏移范围 ±0.1 赫兹,低频偏移 < 0.1 赫兹,轨道电路邻线、邻区段、50 赫兹干扰信号幅值 < 200 毫伏,符合表 4.1 ~ 4.4 的

表 4.1 轨道电路载频

轨道电路制式	载频(赫兹)	频 偏
ZPW-2000	1 700-1、2 000-1、2 300-1、2 600-1	(+1.4±0.1)赫兹
	1 700-2、2 000-2、2 300-2、2 600-2	(-1.3±0.1)赫兹

表 4.2 轨道电路低频信息定义

序 号	1	2	3	4	5	6	7	8	9
信息名称	L5 码	L4 码	L3 码	L2 码	L 码	LU 码	LU2 码	U 码	U2S 码
频率(赫兹)	21.3	23.1	10.3	12.5	11.4	13.6	15.8	16.9	20.2
序 号	1	2	3	4	5	6	7	8	9
信息名称	U2 码	UUS 码	UU 码	HB 码	HU 码	H 码	载频切换	占用检查	L6 码(预留)
频率(赫兹)	14.7	19.1	18	24.6	26.8	29	25.7	27.9	22.4

表 4.3 轨道电路信息基本码序

列车运行状态		基本码序
停车		L5—L4—L3—L2—L—LU—U—HU； L5—L4—L3—L2—L—LU—LU2—U—HU
侧线	道岔限速 45 公里/小时	L5—L4—L3—L2—L—LU—U2—UU； L5—L4—L3—L2—L—LU—LU2—U2—UU
接车	道岔限速 80 公里/小时	L5—L4—L3—L2—L—LU—U2S—UUS； L5—L4—L3—L2—L—LU—LU2—U2S—UUS

表 4.4 STM 感应信号判定指标

类型	主信号感应电压（毫伏）	邻线且邻频干扰（毫伏）	邻线、同频干扰（毫伏）	邻区段干扰（毫伏）	工频干扰（毫伏）
站内电码化轨道电路	≥ 200	< 200	< 100	< 200	< 200
多线并行区段区间轨道电路	≥ 200	< 200	< 100	< 200	< 200
复线区段间轨道电路	≥ 200	< 200		< 200	< 200
单线区段间轨道电路	≥ 200	—	—	< 200	< 200

规定及其他相关标准，轨道电路干扰符合表 4.1 的规定及《高速铁路信号维护规则》（铁总运〔2015〕322 号）有关规定。全线补偿电容检测合格率应为 100%。应答器报文内容完整、有效，正确率 100%。

② 信号系统功能

——列控系统功能测试

CTCS-3 级列控系统功能测试案例以动态测试（测地面）为主，联调联试中需在实施方案中结合测试案例和进路条件等编制测试序列；在具备试验条件的前提下，CTCS-3 级/CTCS-2 级列控系统互联互通测试从列控系统注册与启动、注销、行车许可、临时限速、自动过分相、RBC 切换、级间转换、降级运行、灾害防护、进出动车段、人工解锁进路、调车作业等不同运营场景和测试案例中选取典型测试案例进行试验；CTCS-2 级与 CTCS-3 级列控系统级间转换以及控车信息

一致性试验在 CTCS-3 级列控系统试验中完成,通过 CTCS-3 级列控系统后备模式功能测试,验证 CTCS-3 级列控系统地面设备提供 CTCS-2 级列控信息的正确性。

以京沪高速铁路联调联试时信号系统相关设备功能的实际情况为例,CTCS-3 级列控系统测试包括注册与启动、注销、行车许可、临时限速、自动过分相、RBC 切换、级间转换、降级运行、灾害防护、进出动车段、人工解锁进路、调车作业等 12 个运营场景,223 个测试案例。

列控系统功能测试应根据测试案例和列控系统功能特征,结合高速铁路信号系统设备和线路的情况编制测试序列,如图 4.2 所示。

通过 CTC 中心控制或车站控制模式,按照测试序列和测试案例要求准备试验进路,包括正常接发车进路与通过进路、

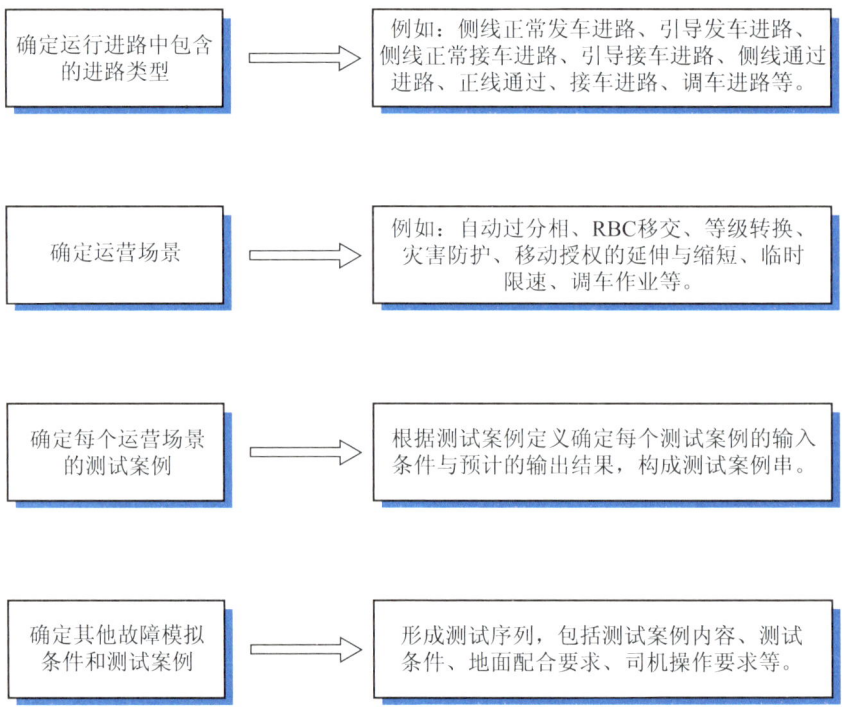

图 4.2 列控系统功能测试序列编制示意图

引导接发车进路、调车进路与进路建立、进路解锁与进路取消等。试验进路应覆盖与动车组运行相关的基本进路。根据需要可进行列控系统性能方面的专项测试或运行试验；通过 DMI 显示列控系统功能测试结果，实时记录车载司法记录单元信息、RBC 设备检测记录单元、GSM-R 网核心机房监测记录设备、信号集中监测系统等，对列控系统功能测试过程中的实时监测数据进行分析；列控系统功能测试过程中应保持被测试系统软件版本和列控工程数据的相对一致性，并做好记录。

——车站联锁系统功能测试

联调联试中联锁系统测试主要是结合列控系统动态试验，根据进路建立、取消、解锁，站内临时限速，信号关闭，站内轨道电路区段故障占用等条件，对联锁系统部分特殊设计以及联锁系统与 RBC、列控中心、CTC 之间的接口关系作进一步验证。

选择典型车站进行进出站信号机点灯关灯试验、接车进路保护区段联锁功能测试、股道停稳标志（40 秒）、正线接近锁闭闭塞分区数量测试、计算机联锁系统与 CTC 系统（CTC 车站终端设备）的接口测试、串行接口通信协议的测试和信息交换功能、控制权限转换的测试、计算机联锁系统与地面列控中心（TCC）、闭塞设备的接口测试和信息交换功能测试。计算机联锁系统与 RBC 接口测试验证联锁系统在各种进路和轨道区段占用/空闲情况下向 RBC 发送信号授权（SA）的功能。

—— CTC 系统功能测试

CTC 系统功能测试结合列控系统动态测试同步进行，由 CTC 中心排列进路、下达临时限速等，对 CTC 系统控制模式转换、列车运行监视、车次追踪、临时限速下达等功能和接口关系进行测试；在铁路局调度所对 CTC 的基本功能、整体性能、接口关系等进行测试和验证，并在 CTC 模拟故障情况下，测试故障的影响范围，以及集成商提供的应对该故障的备用手段的有效性和合理性，保证 CTC 系统安全、有序、稳定运行。

基本功能测试包括列车运行监视、车次追踪、计划编制基础数据管理、列车运行计划编制、计划管理、调度命令管理、集中控制、车站控制、数据回放、统计分析等。

接口关系测试是与受控系统通信时，CTC 系统控制功能，模式切换试验。受控系统包括联锁系统、列控中心设备、无线闭塞中心 RBC、临时限速服务器等。

与联锁系统采用的接口形式、协议：在 CTC 各种控制模式下与联锁系统接口，CTC 能够显示全部联锁系统信息，联锁系统能够接受并执行 CTC 系统发来的命令。

与列控中心采用的接口形式、协议：在 CTC 各种控制模式下与列控中心接口，CTC 能够显示全部列控中心信息，列控中心能够接受并执行 CTC 系统发来的命令。

与 RBC 采用的接口形式、协议：在 CTC 各种控制模式下测试 CTC 与 RBC 的接口和交互的信息。交互的信息包括临时限速、区间、站内封锁信息、C3/C2 降级升级信息、列车计划信息、列车位置、车次号信息、列车速度、停稳信息、SASection 状态信息、限速状态信息等。

故障模拟测试主要是测试故障的影响范围，以及集成商提供的应对该故障的备用手段的有效性和合理性。包括与受控系统通信故障测试、CTC 设备故障测试、CTC 系统通信故障测试、错误操作故障测试等。

（4）联调联试及动态检测的作用

高速铁路运用了大量新技术和新设备，对整体性和系统性的要求非常高。联调联试、动态检测是实现整体系统集成，实现移动设备与固定设备的整体匹配，实现系统安全分析并为运营提供可靠科学依据的重要阶段。

① 实现整体系统集成

高速铁路各子系统既相互独立又相互依存、制约。通过联调联试、动态检测，检测、调试、优化各系统间接口功能，使整体系统的功能达到最优；同时，经由整体系统到子系统的多次反馈与调整，认定子系统功能结构的完整性与合理性。

② 实现移动设备与固定设备的整体匹配

高速铁路的运行，通信信号与网络是保障，需要移动设备与固定设备之间有机结合。通过联调联试、动态检测，检查和验证所需功能的兼容性，在系统目标协调下寻求移动设备与固定设备之间的最佳整体匹配。

③ 实现系统的安全分析

通过联调联试、动态检测，检验通信信号系统的功能性，判别可能出现的故障类别、范围，系统出现故障时是否影响安全以及系统恢复规定功能的能力；确认系统是否具有高可靠性、可维护性和安全性。

④ 为运营提供可靠的科学依据

通过联调联试、动态检测，全面综合检验高速铁路线路、车站、通信、信号、供电、动车组、调度指挥、客运服务等设施设备以及行车组织方式等，能否满足列车高速、高效、高密、安全、平稳、方便的运营要求，进一步优化设备配置、提高设备性能、制定科学合理的运输组织方案，为全线顺利开通提供科学依据。通过联调联试、动态检测，检验高速铁路各系统、各专业对各种非正常行车的指挥能力，特别是设备故障条件下的调度指挥调整能力，提高应急救援和指挥的水平，尽可能将影响和损失降低到最小。

2．运行试验

运行试验主要通过运行图参数测试、故障模拟、应急救援演练、按图行车、检查各系统在正常和非正常条件下运输组织的适应性，验证行车组织方式是否满足运营要求；检验设备故障和自然灾害条件下的应急处理能力；为完善科学合理的运输组织方案提供技术依据。

（1）运行图参数测试

通过列车运行图参数测试，为列车运行图的铺画提供可靠的列车区间运行时分，验证系统列车追踪能力是否符合设计要求。

（2）故障模拟

通过设置典型故障场景进行模拟演练，验证整体系统的故障处理能力，发现问题、消除隐患，提高系统和运营人员在设备发生故障或恶劣天气等条件下的快速反应和协作处理能力。

设置的电务设备故障有：

◆ 列车变更到发线通过。

◆ 实际限速低于列控限速，司机人工控车通过限速地段。

◆ 出站信号开放后取消发车进路。

◆ 因线路临时限速或故障等，列控系统设置临时限速。

◆ 无法通过列控系统设置临时限速。

◆ 车站接车进路道岔无表示时接入列车。

◆ 车站发车进路道岔无表示时发出列车。

◆ 区间连续应答器故障。

◆ 有源应答器丢失。

◆ 进站信号机故障引导接车。

◆ 出站信号机故障引导发车。

◆ 区间闭塞分区出现红光带。

◆ 站内轨道出现红光带。

◆ 列车反方向运行。

◆ CTC 系统设备发生故障，分散自律模式转非常站控模式行车。

运营单位会同测试单位共同制定故障场景库，编制并检查各个故障场景的应急预案，通过现场记录故障处置过程，确定故障流程延续时间，评价故障处置效果。

（3）应急救援演练

通过进行突发性事故、人员疏散、应急救援、抢险维修等方面的演练，检验系统和人员应急响应和保障能力，验证预案处理流程和应急救援方案的可操作性，积累突发事件应急救援经验。

（4）按图行车试验

通过按图行车试验，对设备运用进行考验，验证列车运行图的合理性，检验高速铁路各系统和整体系统的稳定性及能力，使各专业运营人员得到充分的实战培训，掌握各种规章制度，熟悉工作流程，使高速铁路全面满足正常运营要求。

三、初步验收

初步验收由铁路总公司初步验收委员会组织，在动态验收合格后进行。初步验收委员会由铁路总公司领导、有关业务部门负责人、质量监督机构负责人、验收专家组及专业验收组正副组长、建设单位及运营单位负责人、其他专家组成。

初步验收程序：

① 动态验收合格并达到初步验收条件后，建设单位会同铁路局向建设司报送初步验收申请报告。

② 工程质量监督机构向建设司提交《建设项目工程质量监督报告》。

③ 建设司组织部内相关部门进行研究，认为达到初步验收条件的，向铁道部提出初步验收建议及初步验收委员会的建议。

④ 初步验收委员会组织检查资料和现场确认，召开初步验收会议，提出《初步验收报告》，明确验收结论。

四、独立安全评估（ISA）

安全评估在初步验收合格后进行，安全评估按铁路总公司有关规定组织。初步验收合格且初步验收发现的影响运营安全的问题得到解决后，按照铁道部有关规定进行安全评估，形成《安全评估报告》。

1. 安全评估范围

① 全线固定设备、移动设备、安全设施、客服设备和信息系统等主要行车设备设施；

② 设备管理、行车组织单位的安全管理及开通运营准备情况。

2. 检查的重点及要求

① 信号设备经验收符合国家（铁路总公司）标准；技术资料齐全；新引进的设备、设施，设计、制造或施工单位已经提供准入证、产品合格证、技术标准和产品使用说明书；试验设备除提供技术标准和产品使用说明书外，应有铁路总公司批准文件。

② 主要安全设施：ATP、LKJ 数据，防灾安全监控系统，信号设备符合铁路行业标准或采用国家定型设备，技术资料齐全；代维修（租用、借用）协议已签订；安全设施的设计和制造单位已提供准入证、产品合格证、技术标准和产品使用说明书；试验设备除提供技术标准和产品使用说明书外，应有铁路总公司批准文件。

③ 铁路局和设备管理单位已经建立了作业标准、应急及救援预案等规章制度，超出《铁路技术管理规程》《铁路行车组织规则》标准经铁路总公司、铁路局审核批准。

④ 公司、设备管理单位已经设立专门的安全管理机构，制定了有关安全管理制度、办法、措施、标准，管理人员基本到位。

⑤ 对不符合现行规章的项目（包括设计缺项、漏项）已经提供变更设计或提供确认书。

⑥ 变更设计资料完整、程序规范。

⑦ 主要行车工种、作业人员配齐并经岗前培训合格，持证上岗。

⑧ 已签订委托运营协议。

⑨ 已开展路、内外安全宣传，安全警示标志齐全。

⑩ 主要行车设备已完成纠缺。

3. 载客商运

安全评估通过后，按铁路总公司规定开通初期运营。

五、正式验收

正式验收由正式验收委员会组织，在初期运营一年后进行；正式验收委员会由国家主管部门或铁路总公司按相关规定成立。

正式验收程序：

① 具备正式验收条件后，建设单位会同铁路局向铁路总公司上报正式验收申请报告。

② 建设司组织部内相关部门进行研究，经确认符合正式验收条件的，向铁路总公司报告申请正式验收。

③ 国家主管部门或铁路总公司组建高速铁路项目正式验收委员会。

④ 高速铁路项目正式验收委员会检查资料和文件，组织现场检查，召开正式验收会议，对工程质量、初步验收结论以及初期运营情况进行整体评价，形成正式验收结论，出具《正式验收证书》。

高速铁路信号系统是一个复杂的系统，因此需要采取一系列复杂的手段对其安全性进行验证。通过单体、系统、静态、动态、实车验证等测试各项设备的性能和特性指标达到最优；通过最高运行速度、限速设置等验证数据和软件的正确性；通过各项验收、试验运行等考验设备的稳定性；通过联调联试、安全评估等过程卡控达到设备的安全性。

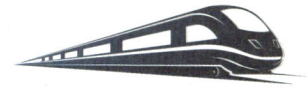

第五章

中国的高铁信号与控制系统科技创新点

一、高铁信号控制系统的科技创新

二、高铁信号控制系统的日常维护

三、如何减少因设备故障而给旅客带来的不必要的影响

一、高铁信号控制系统的科技创新

1. 创新不同速度等级高速铁路的列控技术，相继研发了具有自主知识产权的时速 200～250 公里等级的 CTCS-2 级列控系统、适应时速 350 公里及以上的高速铁路运营需要的 CTCS-3 级列控系统。特别是无线闭塞中心设备的技术创新。

① RBC 安全计算机平台及系统安全软件设计。通过基于比较和多重信息融合的安全监控、安全操作系统多任务检测、系统内存实时在线故障检测、CPU 内存寄存器实时在线故障检测等技术，提高了安全计算机的运算和数据吞吐能力，保证 RBC 系统的安全运行。

② 可支撑复杂枢纽拓扑的电子地图。采用基于点和线的几何方法对铁路线路进行抽象描述，实现了对具有多站场、多侧线分区、多联络线、多里程变换和断链的复杂枢纽线路的全方位支撑。

③ 采用了密钥生成和管理关键技术。该技术符合国家信息安全和密码管理的相关规范与标准，适用于现行列控系统的密钥管理机制，在列控系统密钥管理系统的安全和效率方面处于世界领先水平。

2. 通过原始创新、集成创新和引进消化吸收再创新，在不同速度等级列车混合运行、高速线与既有线互联互通、地-车安全信息连续传输、轨道电路对无砟轨道适应性等方面实现重大技术创新，不断填补高速铁路技术空白，将高速铁路理论与技术发展到新的高度，形成了具有自主知识产权和世界先进水平的高速铁路技术标准体系，走出了一条自主创新的成功之路，丰富和发展了世界高速铁路理论与实践，把世界高速铁路发展水平提升到新的高度，把世界高速铁路运行品质提升到新的水平，为世界高速铁路发展开创了一个崭新的技术领域。创新了多制式列控系统兼容技术、基于 GSM-R 车-地双向通信

集成技术，实现了路网互联互通；提出了适应高速切换的无线网络优化方法、动态仿真测试方法；攻克了高速列车动态控制曲线模型、多条并线铁路无线冗余覆盖等关键技术难题；创新了列控系统高安全性设计、高复杂性系统集成、高可信性仿真测试、高可靠性装备制造、高适用性工程化实施等技术，建立了完整的CTCS列控系统技术标准体系。

3. 中国铁路把系统集成的理念和方法应用到高铁建设中，创新建立了高速铁路总体设计技术、子系统间优化匹配技术、接口管理协调技术、系统评估技术和联调联试技术，实现了高速铁路各个子系统的集成与优化。对于CTCS-3系统的集成技术，突破了系统控制协同及平滑切换技术，满足全路"一张网"规划下的CTCS-3/CTCS-2不同等级线路跨线运行要求。重点研究了地面设备RBC与联锁、CTC、TCC集成技术，车载设备、RBC与GSM-R集成技术，信号系统与外部系统的接口技术，不同速度等级列车共线运营控车技术。

4. 针对中国既有线列车与高速列车、不同速度等级高速列车跨线运行的复杂运输组织方式，研发了具有世界先进水平的高速铁路运营调度指挥系统。调度集中系统运用计算机技术、网络通信技术和现代控制技术，采用智能化分散自律设计原则，以列车运行调整计划控制为中心，成功实现了兼顾列车与调车作业的高度自动化。

5. 建立了防灾预警监测和自动应急处理系统，实现了异物侵限等灾害的实时预警和监控。异物侵入铁路限界触发列控系统使列车自动停车，确保动车运行安全。防灾报警系统纳入调度集中系统，开始与信号发生联锁。

6. 实现车载控制设备双套自动切换的后备模式：LKJ作为CTCS-2级后备模式，CTCS-2级作为CTCS-3级的后备模式。

① CTCS-3/CTCS-2不停车动态转换机制。在车载ATP设备中，CTCS-3主控单元和CTCS-2主控单元采用系统同步

技术和曲线计算同步技术实现不停车的动态转换，提高了旅客舒适度，并保证了运营效率。

② 车载安全计算机平台采用交叉冗余结构。该结构的主备系可实现毫秒级的状态同步，从而实现热备双系的无缝切换。该结构能够将双系中的完好功能灵活组合，形成功能完整的车载设备，极大提升了车载设备的可靠性和可用性。

③ 车载安全计算机平台的输入级、处理级及输出级均采用安全保障技术。在采用多重安全保障技术时，同步安全处理总线技术，在保障安全的基础上，避免了处理器之间等待同步的时间消耗。该结构极大提升了平台安全性、处理能力与处理效率。

7. 培养了一批年轻的高精尖人才，同时已经形成了产品生产的产业链，将在未来几十年主导世界信号与控制系统行业的发展。

8. 实现了以最低的成本杀出一条自主创新的血路。用5年时间走完了其他发达国家三四十年的研发之路。这是一场高速铁路的技术革命，目前，我国高速铁路技术创新正在不断取得新的成绩，引领世界高速铁路发展新潮流。中国高铁"走出去"，已不仅仅是自身发展的需要，还为推进世界铁路发展注入了新的"血液"和活力。

二、高铁信号控制系统的日常维护

高铁经过一天的高速度、高密度列车冲击运行，需要每天对信号的道岔转换设备、通过钢轨传输列车运行信息的轨道电路、应答器等室外地面设备及室内控制设备等进行全面现场检查，发现设备隐患要及时处理，同时定期对设备特性、性能进行检查和修理或更换等，确保列车运行的绝对安全。高铁的列车运行速度高、密度大，不能采用列车运行间隙要点上道检查和修理维护，会影响运输效率或危及维护人员的人身安全。因

此，为了确保旅客列车运行的绝对安全，高铁规定实行施工和维修的固定时间（施工和维修天窗），高铁线路在24小时内留出一定时间（0:00～6:00）对设备特性、性能进行检查和修理或更换等，不实行全天候开行列车运行。那么高铁是怎样进行设备的维护和管理的呢？

1. 信号设备管理

高速铁路信号设备是指挥列车运行、保证行车安全、提高运输效率、改善行车组织方式，实现行车指挥现代化的关键设施。必须贯彻国家有关政策、行业标准，坚持以运输生产为中心，做好维护管理工作，保证高速铁路信号设备处于良好运用状态。高速铁路信号维护工作是铁路运输安全生产的重要组成部分，直接涉及运输安全。高速铁路信号维护工作必须严格执行国家铁路有关法规及中国铁路总公司相关规定，牢固树立安全生产法制观念，认真执行标准化作业，保证行车安全、设备安全和人身安全。高速铁路信号维护工作必须坚持"安全第一、预防为主"的方针，贯彻预防与整修相结合的原则，确保高速铁路信号设备运用状态良好。高速铁路信号设备技术密集、科技含量高，具有点多线长、设置分散、布局成网、不间断运用、结合部多、易受外界影响等特点，因此要积极采用新技术、新器材、新工艺，提高高速铁路信号设备的可靠性、可用性和安全性；深化修程修制改革，提高劳动生产率；实行全面质量管理，采用先进科技手段，提高维护管理水平。高速铁路信号维护工作落实安全风险管理要求，强化安全基础管理、过程控制和应急处置，构建安全风险控制体系，做好安全风险超前防范，持续推进标准化工作，全面提升安全管理水平。

高速铁路信号设备维护工作实行铁路局（公司）、电务段分级管理。电务段实行段、车间、工区三级管理。高速铁路信号设备维护管理主要包括计划管理、质量管理、技术管理和设备管理。①计划管理是高速铁路信号设备维护工作的基础，按照分级管理、责权对应的原则，做好计划的编制、审批、执行、检查、考核等各环节管理工作。高速铁路信号设备维护工作计划主要包括年（月）度维修工作计划，年度中修、大修工作计划，列控车载设备高级检修计划，年度信号器材入所维修计划，安全专项整治计划，施工及天窗维修计划，年度生产财务计划等。②质量管理是围绕高速铁路信号设备质量而开展的组织、计划、实施、检查和监督等活动的总和。运用系统的管理理念、先进的管理手段、科学的管理方法，通过持续的管理活动，不断提高设备质量、工作质量和运用质量。设备质量是指设备及电路应达到的技术条件和质量标准；工作质量是指维修人员在生产生活中具有的技术水平、工作态度的反映和执行作业标准的认真程度；运用质量是指高速铁路信号设备在使用过程中应具有的效果。设备质量、工作质量是运用质量的基础；运用质量是设备质量与工作质量的综合反映。定期进行质量检查和质量分析是保证设备质量、工作质量和运用质量稳定受控、持续改进的重要手段。③技术管理是高速铁路信号维护工作的核心，是贯彻执行《铁路安全管理条例》《铁路技术管理规程》、国家和铁路总公司有关技术标准及规章制度等活动的总和。④设备管理是对高速铁路信号设备、器材以及为保证维护需要所配备的检测车、仪器仪表、工装设备、交通工具等重要资产，采用现代管理手段，保证其正常使用。

2. 信号设备维护

高速铁路地面信号设备维护工作由维修、中修、大修和更新改造四部分组成，列控车载设备维护工作由运用检修（一二级）、高级检修（三四级）共四个修程组成。高速铁路地面信号设备维护工作坚持以安全和质量为主的原则，依据寿命管理、技术状态、变化规律和磨损程度，做好更新改造、大修、中修和维修工作，保证信号设备符合技术标准、性能良好、质量稳定、安全可靠的运用。列控车载设备维护与动车组修程相结合，贯彻确保运用检修、按期高级检修的指导思想，按检修内容、工艺流程、质量标准执行，避免设备失修。高速

铁路信号维护工作必须树立全程全网的观念，实行统一指挥、分级管理、分工负责、密切协作的制度，全面做好各项基础工作，不断提高维护管理水平。加强安全基础建设，强化专业技术管理，严格执行规章制度、技术标准和操作规程，认真落实标准化作业程序，保证行车、设备和人身安全。加强维护经验交流、推广，不断提高高速铁路信号设备运用质量，提升高速铁路信号维护工作水平。结合部管理是高速铁路信号维护工作的重要内容，直接影响高速铁路信号设备的运用质量。与车务、机务、工务、供电、车辆、信息、房建等专业部门加强结合部管理，明确分工，落实责任，联合整治，同时要做好跨局（公司）设备的维护管理工作。

（1）高速铁路信号维修是对高速铁路信号设备进行的日常养护和集中检修，通过维修，保持设备性能，预防设备故障，使设备处于良好的运用状态。高速铁路信号维修主要包括天窗修、入所修、委托维修和跨局维修。现场维修实行计划修与状态修相结合的模式，积极推行设备分等级维修：计划修是根据规定维修周期和内容有计划地实行日常养护、集中检修和入所修；状态修是指根据设备特性变化状态有针对性地进行维修。实行状态修的基本条件是该设备具有有效的自检、监测、报警、冗余等功能和手段，维护人员能够随时掌握该设备工作状态及变化趋势，预防可能发生的故障。现场可替换的设备、器材实行入所修；可更换电路板、模块的信号电子设备采用故障更换；具备系统冗余或状态监测可靠的设备可实行状态修；现场无检修能力的设备、器材实行入厂修或委托专业厂家维修保养。①天窗是指列车运行图中不铺画列车运行线或调整、抽减列车运行线，为施工和维修作业预留的时间，也称之为天窗点；主要是用来维修设备和施工作业，按用途分为施工天窗和维修天窗。施工是指影响设备稳定、使用和行车安全的各种施工作业，按组织方式、影响程度分为施工和维修两类：施工一般情况下影响范围较大，或者涉及多个专业系统相互配合；维修一般情况下影响范围较小，是各专业局部设备的检查养护。高速铁路每日安排维修天窗，一般不少于240分钟。高速铁路天窗时间和位置在编制列车运行图时确定。天窗为信号、通信及铁路其他专业行车设备施工、维修作业提供了时间上的保障。凡影响行车的施工、维修作业，都必须纳入天窗，不得利用列车间隔进行，主要也是从行车安全和作业人员人身安全两个方面综合考虑的。因高速铁路行车密度高、运行速度快，必须采取天窗修的模式，才能保证行车和作业人员的绝对安全。②入所修是指对设备、器材进行的入所检修，入所修的设备、器材实行定置管理和寿命管理。③委托维修是指现场无检修能力的设备、器材，委托相应的设备厂家（设备供应商）进行维修。委托维修设备范围主要包括：一是设备管理单位缺乏维护必要技术支持能力的设备或系统；二是设备管理单位不具备相关检测手段和修复能力的设备。如车站联锁系统软件、列控中心软件、RBC系统软件、CTC/TDCS软件、车载ATP软件等。

（2）信号中修是高速铁路信号维护工作的重要修程。中修周期一般为5年，坚持"整修、补强、恢复、改善"的原则。通过中修，使现场信号设备电气特性和机械强度符合技术标准，安全可靠地使用到下一轮中修或大修。高速铁路信号中修针对设备薄弱环节，积极采用"五防"（防松、防锈、防断、防卡、防雷）和"三新一化"（新技术、新器材、新工艺和冗余化）等措施，提高高速铁路信号设备的可靠性。高速铁路信号中修与上级重点整修项目相结合，与更换淘汰设备和器材相结合，并根据设备实际状况，确定具体的中修项目和内容。

（3）信号大修及更新改造是为恢复、改善和提高高速铁路信号设备质量，保证既有设备安全、可靠地正常使用，保证运输生产的正常进行。高速铁路信号设备大修及更新改造以不断提高系统、设备可靠性和安全性等技术指标为目标，积极采用新技术、新器材、新工艺和冗余技术。高速铁路信号系统设备

大修周期一般为10年，大修范围：为恢复系统功能而更换达到大修期的部件和器材；更换不良地面信号部件；更换磨耗、老化已不能保证行车安全和正常使用的设备。更新改造周期一般为15年，更新已到寿命周期的高速铁路信号系统设备。当系统不能满足运输扩能和安全保证需求时，或属于淘汰的系统设备、器材或维修配件没有供应来源，不能保证使用时可提前进行更新改造。

3. 信号设备测试与分析

测试和分析是高速铁路信号设备维护工作的重要内容之一，通过测试，掌握和分析设备运用状态，指导维护工作，预防设备故障，保证设备正常运用。测试分为Ⅰ级测试、Ⅱ级测试和动态监测：Ⅰ级测试由现场工区负责；Ⅱ级测试由电务段试验室负责；动态监测由铁路局（公司）试验室负责。信号集中监测、道岔缺口监测、动力与环境监控系统、DMS、安全数据网管、视频监控等系统是监测信号设备运用状态的重要设备，充分利用监测系统实时监测、超限报警、存储再现、过程监督、远程监视等功能，发挥监测系统在高速铁路信号设备日常维修及故障处理中的重要作用，指导维修工作，及时发现信号设备隐患，预防设备故障，保证设备正常使用。充分发挥各种监测设备的作用，指导维修工作，增强维修工作的针对性、有效性。随着高速铁路信号设备维护手段不断提高，逐步实现由人工测试和分析向自动测试和智能分析转变。动态检测是高速铁路信号设备维护工作的重要内容。通过检测分析，发现隐患、预防故障；了解和掌握信号设备的运用状态，为维护工作提供决策依据，实现信号设备运用质量的科学有效管理，提高维护水平。

4. 专项整治和标准示范线建设

专项整治是针对设备的薄弱环节以及日常维护管理发现的问题，采取措施加以补强，提高设备的安全性和可靠性。标准示范线建设是全面总结、系统提升高铁安全、运营、维护、服务、经营等方面的管理经验和做法，进一步明确各项标准，对标准补强完善，形成一套完整、规范、有效的高铁管理体系，将对我国高铁管理水平的整体提升起到示范引领作用。通过标准示范线建设，落实高铁品牌战略，在促进自身可持续发展的同时，更好地服务经济社会发展和广大旅客出行，增强高铁社会影响力。建成高铁标准示范线，向世界全面、系统展示我国高铁建设、运营、管理的巨大成就，形成我国高铁完整的技术标准体系，为高铁"走出去"提供有力保障。安全管理方面构建人防、物防、技防"三位一体"的高铁安全保障体系，安全管理制度健全，规章标准完备，现场作业可控。应急预案完整，处置流程清晰，应急抢修体系完备高效，响应有序。管理、技术、作业人员择优选配，技术能力、素质水平领先。设备方面按照高标定位、从严要求的原则，分专业明确高铁工作标准、设备标配和管理规范，实现设备设施和质量达标。状态实时掌控：建设覆盖全面、功能完备、运行可靠的设备检测监控系统，实时监测设备运行状态，集中监控，综合诊断预警。维修组织高效：配备先进成熟的养修装备，实行机械化集中规模维修，科学设置与检查维修相适应的天窗结构，综合利用维修天窗。运用管理方面统筹市场需求、运输能力和装备运用，实现运输密度不断增加、客座率稳步提高、列车开行质量不断提升，综合效益不断增长，达到世界先进水平。CTC系统功能完善，列车运行组织、安全控制和调度指挥作业模式持续优化。

三、如何减少因设备故障而给旅客带来的不必要的影响

设备故障应急处理首先要确保故障处理过程中列车运行安全，同时缩短设备故障延时，减少不必要的影响。为此，铁路部门设立各级应急处置指挥中心，统一指挥铁路各部门共同协作，确保设备故障处理过程中列车运行安全、缩短设备故障

延时。

1. 制定设备故障应急处理管理办法——统一行车指挥

为保证故障应急处置过程中行车和人身的绝对安全,提高应急处置效率,必须配套科学的管理办法,从统一指挥、现场处理和试验确认等方面加以规范和明确。

故障应急处置必须严格遵守应急处置的相关程序和有关规章制度。应急处置基本原则是"一停用、二汇报、三处理、四确认",这是通过长期实践和事故教训不断总结和完善得来的,符合行车安全和广大旅客安全的实际需要、符合应急处置的实际需要,可以说是故障应急处置过程中必须遵循的行为准则。"一停用",即按规定停用相关故障设备。一旦设备发生故障,故障设备的状态就失去了控制,当列车通过故障设备时可能危及行车安全,所以必须及时停用故障设备,确保列车不再经过故障设备,是保证行车安全的先决条件。"二汇报",即按规定逐级汇报,班组向车间汇报、车间向段汇报、段向上级主管部门汇报。其目的是让各级管理层第一时间掌握故障信息,并通过监测监控设备对故障原因进行初步判断,指导现场进行处理;同时对关键环节进行盯控,确保应急处置过程中的绝对安全。另外上级掌握的资源比现场要多,能够为现场应急处置提供更多的技术支持,是故障应急处置、缩短故障延时的有力保障。"三处理",即按有关规定进行处理。设备故障在大多数情况下是局部设备故障,在处理过程中首先要掌握和熟悉相关设备的原理和性能;其次要按照相关的规定程序进行处理,比如设备使用的电源部分有的是共用的,处置不当可能会造成故障范围扩大或故障性质升级,这是故障应急处置过程中必须要规避的。故障处理完成后,还要进行必要的试验,来验证处理的结果和预期一致。另外信号控制系统有着严谨的安全控制逻辑,故障应急处理不能破坏任何安全控制逻辑,否则得不偿失,还可能给行车安全埋下严重的安全隐患;试验也就是为了验证安全控制逻辑的正确性。"四确认",即监视首趟列车通过时的设备状态、确认首趟列车运行正常。其目的也是验证处理的结果和预期一致；另外对车与地之间的安全逻辑关系进行验证，确保设备安全运用。

2. 制定各类设备故障应急处理预案——统一处置流程

制定应急预案是为确保故障处理过程中处理人员人身安全，缩短故障延时，尽快恢复设备正常使用，减少对铁路运输生产的影响。应急预案采取分级管理、分级负责的方式，当发生突发事件，做出相应级别的应急响应，确保应急处置快速有效。应急预案的内容包括：指挥机构和职责，预防预警，人员分工和协调，应急预案的启动和实施，故障处理程序，水害、火灾等灾害抢修方案，重要系统和有关设备厂家技术支持方案，应急备品备件型号数量，技术图纸、管界图、交通线路图，高速铁路通道门里程，交通工具、照明设备、通信手段和联系方式，抢险队伍的组成和应急预案培训、演练，应急处置过程中的卡控措施、后勤保障等。按"谁启动、谁结束"的原则，在现场应急工作结束后，由相应的应急领导小组宣布应急结束。根据设备故障的等级，由各级应急领导小组组织对故障的性质、原因、责任和处置进行调查与总结，提出防范和改进措施，形成书面报告逐级上报。对所发生的典型事故、设备故障要进行深度分析，查清原因、落实责任，剖析管理根源，堵塞安全漏洞。

3. 定期开展设备故障应急处理实战演练——缩短延时

应急演练以提升预防与应对各类突发事件处置能力、查找和暴露问题、持续完善应急预案为目标，是强化安全风险管理，增强干部职工防范安全风险意识，规范应急演练管理，缩短设备故障延时，减少设备故障对运输生产影响的有效手段。通过应急演练，可检验应急处置人员技术业务素质是否满足应急处置的需要；通过应急演练总结分析和评价，可检验应急处置预案是否完善，应急指挥体系是否健全，应急处置流程是否妥当，应急演练方案、脚本、评价标准是否科学。通过应急演

练暴露的问题，采取针对性措施加以改进提高，不断提高和改进应急处置能力和应急管理水平，使应急处置及管理朝着良性循环轨道发展。通过应急演练强化技术业务素质的提高，针对应急处置人员在应急演练中暴露的短板，根据实际需要制订计划加强教育培训，以点带面促进整体应急处理能力水平的提高。此外，还需不断优化完善应急处置预案、应急处置流程，演练方案、脚本、目的、程序和评价标准，逐步加强和规范应急处置管理，不断提高应急处置能力和效率。

参考文献

[1] 傅世善.闭塞与列控概论.北京：中国铁道出版社，2006.
[2] 林瑜筠.新型移动自动闭塞.北京：中国铁道出版社，2007.
[3] 吴芳美.编组站调车自动控制.北京：中国铁道出版社，2006.
[4] 佟立本.铁道概论（第五版）.北京：中国铁道出版社，2007.
[5] 钱仲侯.高速铁路概论（第三版）.北京：中国铁道出版社，2007.
[6] 李向国.高速铁路技术.北京：中国铁道出版社，2007.
[7] 赵青山.铁路运输安全管理.北京：中国铁道出版社，2007.
[8] 何华武.中国铁路有线200公里/小时等级提速技术.北京：中国铁道出版社，2007.
[9] 常治平.铁路线路及站场.北京：中国铁道出版社，2006.
[10] 胡思绪.列车运行图编制理论.北京：中国铁道出版社，2007.
[11] 彭其渊.铁路行车组织.北京：中国铁道出版社，2007.
[12] 赵志熙.车站信号控制系统.北京：中国铁道出版社，2006.
[13] 高继祥.铁路信号运营基础.北京：中国铁道出版社，1997.
[14] 赵志熙.计算机联锁系统技术.北京：中国铁道出版社，1999.
[15] 林瑜筠.铁路信号技术概论（修订版）.北京：中国铁道出版社，2007.
[16] 王秉文.6502电气集中工程设计.北京：中国铁道出版社，1997.
[17] 陆嘉森，谢肇桐.漫话通信信号.北京：中国铁道出版社，2009.
[18] 林瑜筠，谭丽，涂序跃，等.高速铁路信号技术（修订版）.北京：中国铁道出版社，2017.
[19] 李映红.高速铁路信号系统（第二版）.成都：西南交通大学出版社，2017.

后记

中国高铁已经能够安全运行，那么中国高铁的信号与控制系统是不是100%国产化或自主化了？在这里阐述一下关于国产化与自主化的概念：国产化追求的是在中国生产，自主化追求的是技术主导权。其实，在全球化大生产的今天，追求国产化已是一种落后的思维模式，那么如何实现自主化呢？第一，建立中国标准体系；第二，全面掌握关键核心技术；第三，软件和硬件全部实现自主设计、制造或选型；第四，拥有完全自主知识产权。中国高铁的信号与控制系统是中国高铁的重要组成部分，要出口必须经过专利风险评估，否则不能出口。如果中国的高铁过不了专利风险评估，受制于人，那么中国高铁怎么能成为一张中国外交名片呢？

当然，任何新事物的诞生总会伴随着很多传说，这很正常，随着时间的推移，很多问题会不证自明。最近几年中国高铁用自己脚踏实地的表现——高速、密集、安全、正点运行，扭转了世界对中国高铁的看法，同时中国老百姓也转变了对中国高铁的认识。高铁是怎么诞生的？中国高铁为什么能在这么短的时间内崛起？其间又经历了怎样曲折与惊心动魄的历程，将在以后的书籍中不断地阐述。

本书主要对人们所关注的一些高速铁路信号系统问题进行了描述，也讲解了一些基本原理和内容，但仍不能全面满足读者对高铁知识的渴求。本书是一本科普性的读物，为此，若需进一步了解高铁知识，请阅读相关的专业书籍。

中国的高铁已经在改变中国，并成为中华民族复兴"中国梦"的重要助力。但是随着时速2 000公里的真空磁悬浮概念的诞生，中国高铁发展还会不会有新的突破？我们的工作还任重道远。